Wolfgang Palaver

Für den Frieden kämpfen

Wolfgang Palaver

FÜR DEN FRIEDEN KÄMPFEN

In Zeiten des Krieges von Gandhi und Mandela lernen

Tyrolia-Verlag Innsbruck-Wien

Für die „Gandhi-Gang",
Louise du Toit, Ephraim Meir und Ed Noort,
die mit mir 2021 in Südafrika zu Gandhi geforscht haben

INHALT

HINFÜHRUNG

WIE ICH BEI GANDHI UND MANDELA FRIEDENSETHISCHE ORIENTIERUNG FAND

In einer von Gewalt und Kampf zerrissenen Welt liegt der Schlüssel zum Überleben im 21. Jahrhundert in Gandhis Botschaft vom Frieden und der Gewaltfreiheit.[1]

NELSON MANDELA, JÄNNER 2007

Beide, Mahatma Gandhi und Nelson Mandela, sind für mich wichtige Vorbilder, die in unserer gegenwärtigen, von Kriegen und Terror herausgeforderten Welt friedensethische Orientierung bieten. Zuerst kam ich in ganz jungen Jahren mit dem Namen Gandhi in Kontakt, als unser Hausarzt in Zell am Ziller im Blick auf meinen damals schmächtigen und mageren Körper sagte, ich sei ein „Gandhi". Es dauerte allerdings Jahre, bis ich mit diesem Wort nicht mehr nur Magerkeit verband, sondern den Namen des gewaltfreien Vorkämpfers für Indiens Unabhängigkeit. Als Schüler der Höheren Technischen Lehranstalt für Nachrichtentechnik in Innsbruck engagierte ich mich in der Katholischen Studierenden Jugend der Diözese und nahm deshalb 1977 an einem Seminar über Gewaltfreiheit des damals weltweit um den Frieden bemühten Ehepaars Jean Goss und Hildegard Goss-Mayr in Salzburg teil.[2] Dieses Seminar begeisterte mich so sehr für die Möglichkeiten gewaltfreien Widerstands und der engagierten Friedensarbeit, dass ich daraufhin meinen Wehrdienst verweigerte und 1978/79 meinen Zivildienst ableistete. Gleichzeitig setzte ich mich in den folgenden Jahren für die – damals viele Menschen anziehende – Friedensbewegung ein, die vor allem gegen die Stationierung von Pershing II Raketen in Europa protestierte. In diese Zeit fällt auch Richard Attenboroughs Film „Gandhi", der 1982 herauskam und viele Menschen in der westlichen Welt mit Gandhis gewaltfreiem Kampf für die Unabhängigkeit Indiens vertraut machte.[3]

Innerhalb der katholischen Kirche Österreichs versuchte man bald, das Friedensengagement der Jugendlichen in geordnete Bahnen zu lenken. Vordenker in der Katholischen Aktion entschieden sich, Pax Christi Österreich – eine Bewegung, die bisher nur als kleiner Arbeitskreis mit verschiedenen institutionellen Aktivitäten existierte – in eine Mitgliederbewegung umzuwandeln. 1986 durfte ich daher als Gast an der Generalversammlung von Pax Christi International in Vicenza in Italien teilnehmen. Auch hier entdeckte ich das Gedankengut Gandhis, der schon damals zu den wichtigen Vorbildern dieser internationalen katholischen Friedensbewegung zählte. Bald gründeten wir erste Landesgruppen von Pax Christi in Österreich und ich arbeitete als Vertreter Österreichs in der Security and Disarmament Commission von Pax Christi International mit. Seit 2019 bin ich Präsident von Pax Christi Österreich.

Mein Engagement in der Friedensbewegung bewog mich auch – nach der Beendigung meines Zivildienstes –, das Studium der katholischen Theologie in Innsbruck zu beginnen. Zu den besonders inspirierenden Professoren in den ersten Semestern gehörte für mich der Sozialethiker und Jesuit Herwig Büchele, der eng mit dem Ehepaar Goss-Mayr befreundet war, sie zu Seminaren einlud und immer wieder auch auf die Bedeutung der Gewaltfreiheit hinwies. Er interessierte sich auch sehr für das Werk Gandhis und sorgte dafür, dass die hundert Bände der *Collected Works of Mahatma Gandhi* sowie eine große Anzahl von weiterer Literatur über Gandhi an der damaligen Bibliothek des Instituts für Moraltheologie und Gesellschaftslehre zur Verfügung standen. Später hat er selbst ein kleines Buch zu Gandhi veröffentlicht.[4] Gandhi war ein zentraler Teil der Forschung am Institut, an dem ich seit 1987 als Assistent arbeitete. Mein damaliger Kollege Severin Renoldner verfasste eine von Büchele betreute Dissertation über Gandhi.[5] Ich identifizierte mich mit dieser friedensethischen Betonung der Gewaltfreiheit, beschäftigte mich in meiner Dissertation und Habilitation jedoch mit Denkern wie Thomas Hobbes und Carl Schmitt, die als Gegner der Ideen von Gandhi gelten und die ich deshalb zu widerlegen versuchte.[6]

Wirklich bedeutend wurde für mich Gandhi aber erst nach den Terroranschlägen vom 11. September 2001. Meine Forschung orientierte sich an der mimetischen Theorie des französisch-amerikanischen Kulturanthropologen René Girard, die ich durch den Dogmatiker und Jesuiten Raymund Schwager kennenlernte. Um Schwager gruppierte sich eine kleine Forschungsgruppe, die über Jahre das Verhältnis von Gewalt und Religion bearbeitete. Doch trotz dieser grundsätzlichen Ausrichtung unserer Arbeit hatte ich das Gefühl, dass wir in den intensiven Debatten über die religiösen Hintergründe dieser Terroranschläge nicht sehr viel zum Verstehen dieses sehr komplexen Verhältnisses beitragen konnten, weil wir uns nie intensiver mit dem Islam auseinandergesetzt hatten. Im Fokus unserer Arbeit standen einerseits die frühen Religionen, andererseits die jüdisch-christliche Offenbarung.

Da ich wusste, dass Gandhi Zeit seines Lebens immer wieder auch eng mit Muslimen und Musliminnen zusammenarbeitete und gleichzeitig entschieden für die Gewaltfreiheit eintrat, nutzte ich das Vorhandensein seiner gesammelten Werke an unserer Bibliothek, um seine Einschätzung des Islams, respektive des Korans kennenzulernen. Dabei entdeckte ich Antworten auf meine diesbezüglichen Fragen und lernte auch allgemein viel über seine offene Haltung gegenüber den unterschiedlichen Religionen. Für Gandhi stand fest, dass der Islam genauso wie das Christentum, der Buddhismus und der Hinduismus eine „Religion des Friedens"[7] ist. Er übersah dabei aber nicht den häufigen Missbrauch religiöser Traditionen und wusste auch, dass es Textstellen in den heiligen Schriften gibt, die zur Aufstachelung von Gewalt benutzt werden. Aus diesem Grund betonte er die Notwendigkeit einer gewaltfreien Auslegung der Schriften, die versteht, dass der Buchstabe tötet und nur der

Geist frei macht (2 Kor 3,6).[8] So zeigt er in seinem Kampf gegen die Unberührbarkeit in Indien, dass es falsch ist, am bloßen Buchstaben der indischen Veden festzuhalten, wenn dadurch der tiefere Sinn der Religion verletzt wird:

> Unberührbarkeit ist kein heiliges religiöses Gebot, sondern eine Erfindung des Satans. Der Teufel zitiert immer die Schriften. Doch Schriften reichen nicht über die Vernunft und die Wahrheit hinaus. Sie sind dazu gedacht, die Vernunft zu reinigen und die Wahrheit zu beleuchten. Ich werde kein makelloses Pferd verbrennen, nur weil die *Veden* dieses Opfer angeblich anrieten, duldeten und billigten. Für mich sind die *Veden* göttlich und ungeschrieben. „Buchstaben töten." Es ist der Geist, der das Licht bringt. Und der Geist der *Veden* ist Reinheit, Wahrheit, Unschuld, Keuschheit, Demut, Einfachheit, Vergebung, Frömmigkeit und alles, was Männer und Frauen edel und tapfer macht.[9]

Von Gandhi lernte ich auch, dass es eine grundsätzliche Gleichheit der Religionen gibt, die in jener einen wahren Religion wurzelt, „die allen Religionen zugrunde liegt"[10]. Seine Betonung der Gleichheit der Religionen hinderte ihn aber nicht daran, sich zeitlebens als Hindu zu verstehen:

> Im Hinduismus ist genügend Platz für Jesus, ebenso wie für Mohammed, Zoroaster und Moses. Für mich sind die verschiedenen Religionen schöne Blumen aus demselben Garten oder Äste desselben majestätischen Baumes. Daher sind sie alle gleich wahr, obwohl sie durch unvollkommene menschliche Werkzeuge empfangen und ausgelegt wurden. Es ist mir unmöglich, mich mit einer Missionierung

> zu versöhnen, wie sie heutzutage in Indien und andernorts praktiziert wird. Sie ist ein Irrtum und vielleicht das größte Hindernis auf dem Weg der Welt zum Frieden.[11]

Von Gandhi lernte ich, wie ich als Christ auf andere Religionen zugehen kann, ohne meine Identität aufzugeben oder die anderen abwerten zu müssen. Konkret im Blick auf den Islam konnte ich seiner Empfehlung folgen, sich zuerst auf jene Wahrheiten zu konzentrieren, die wir im Islam entdecken und würdigen können. Unverständliches soll demgegenüber mit den Augen der besten muslimischen Gelehrten gelesen werden, und die Kritik soll sich vorrangig auf meine eigene Tradition beschränken.[12]

Während ich Gandhis Haltung gegenüber dem Islam nachging, erkannte ich auch, dass Gandhis aktive Gewaltfreiheit eine überlebenswichtige Alternative zum gegenwärtigen Terrorismus darstellt. Ich konnte mich hier einerseits auf ältere Arbeiten anderer Friedensforscher:innen stützen und arbeitete andererseits vor allem den Gegensatz zwischen der Philosophie der Gewalt des französischen Kolonialismuskritikers Frantz Fanon und Gandhis Gewaltfreiheit als entscheidende Weichenstellung für unsere Gegenwart heraus.[13] Dieser Gegensatz kann vor allem mittels Girards mimetischer Theorie gut erklärt werden.[14] Fanon, dessen Werk unter anderem den dschihadistischen Terrorismus inspirierte, steht für die Nachahmung der kolonialen Gewalt und riskiert damit die zur gegenseitigen Zerstörung führende Eskalation, während Gandhi gerade aufgrund seiner Einsicht in die ansteckende Natur der Gewalt diese mit anderen Mitteln bekämpfen wollte.

Als im Herbst 2018 drei Kollegen und Kolleginnen von mir am Center of Theological Inquiry in Princeton während eines

Forschungssemesters zum Thema „Religion und Gewalt“ die Idee hatten, ein neues Projekt am Stellenbosch Institute of Advanced Study in Südafrika zu beantragen, willigte ich unter der Bedingung ein, dass wir uns dem positiven Thema der Gewaltfreiheit widmen und uns vor allem auf Gandhi konzentrieren, der sein Konzept der aktiven Gewaltfreiheit während seines einundzwanzig Jahre dauernden Aufenthaltes in Südafrika entwickelt hatte. Louise du Toit, Ephraim Meir und Ed Noort akzeptierten meinen Vorschlag, und, nachdem das Projekt bewilligt wurde, konnten wir es von Jänner bis Juni 2021 in Stellenbosch durchführen. Mir wurde in diesem Projekt noch stärker bewusst, wie sehr Gandhi die Eskalationsgefahr, die von aller Gewalt ausgeht, im Blick hatte, und wie sehr er eine aktive, ja sogar militante Form der Gewaltfreiheit vertrat.[15] Vor allem die zu Beginn erfolgte gemeinsame Lektüre des Buches *Die Macht der Gewaltlosigkeit* der amerikanischen Philosophin Judith Butler bestärkte uns im aktiven Verständnis von Gewaltfreiheit. Mit Hinweis auf Einsteins „militanten Pazifismus“ spricht sie sogar von einer „aggressiven“[16] Gewaltfreiheit. Übrigens betonte der bekannte Moraltheologe Bernhard Häring schon 1986 zustimmend, dass Gandhi für eine „militante Gewaltfreiheit“ steht.[17] Das gemeinsame Projekt resultierte in einer Sondernummer der Zeitschrift *Religions* zum Thema „Nonviolence and Religion“, das auch als Open Access Buch erhältlich ist.[18]

Südafrika war auch der Ort, an dem sich die Welt Gandhis mit der von Nelson Mandela berührte. Während unseres Forschungsaufenthaltes in Stellenbosch besuchten wir den Ort Phoenix in der Nähe der Stadt Durban, wo Gandhi seinen ersten Aschram in Südafrika errichtete. Wir trafen dort seine Enkelin Ela Gandhi, die die Tochter seines zweiten Sohnes Manilal ist, der nach Gandhis Rückkehr nach Indien in Südafrika verblieb.

Ela Gandhi ist eine südafrikanische Friedensaktivistin, die von 1994 bis 2004 Mitglied der südafrikanischen Nationalversammlung für den von Nelson Mandela angeführten African National Congress (ANC) war. In Südafrika drängte sich die Frage nach dem Verhältnis zwischen Gandhi und Mandela zwangsläufig auf. Tatsächlich lassen sich zahlreiche Verbindungen zwischen ihnen entdecken. Die erste hängt schon mit Phoenix, Gandhis erstem Aschram, zusammen, denn ganz in der Nähe befand sich die von John Langalibalele Dube gegründete Zulu Christian Industrial School in Ohlange. Dube, der Gründer dieser Schule, war der erste Präsident des 1912 gegründeten ANC. Gandhi begann sich erst allmählich für das Leben der ebenfalls diskriminierten schwarzen Bevölkerung in Südafrika zu interessieren. Nach Mandela förderte vor allem Gandhis Sanitätsdienst für die Briten während des Bambatha-Aufstands der Zulus von 1906 sein diesbezügliches politisches Erwachen:

> Der Anblick verwundeter und ausgepeitschter Zulus, die von ihren britischen Verfolgern gnadenlos liegengelassen wurden, empörte ihn so sehr, dass er sich nunmehr völlig von seiner Bewunderung für alles Britische abkehrte und fürderhin das Indigene und Ethnische feierte.[19]

Gandhi begann sich stärker mit den Anliegen Dubes zu identifizieren, der sich umgekehrt immer mehr für den von Gandhi praktizierten gewaltfreien Widerstand interessierte. Mandela wies auf diese gegenseitige Beeinflussung von Gandhi und Dube hin und bemerkte außerdem, dass der afrikanische Kampf gegen die Apartheid im indischen Widerstand seine Wurzeln hat.[20] Dieser Einfluss bewirkte auch, dass der ANC bis 1960 für den gewaltfreien Widerstand eintrat. Wie sehr Mandela Dube verehrte, zeigte sich auch darin, dass er seine erste Stimmabgabe zur Nationalversammlung 1994 bewusst in Ohlange abgab. Gandhi und Mandela verbindet weiters die Erfahrungen, die sie beide aufgrund ihres Widerstands in Gefängnissen machten.

Mein Interesse für das Leben und Wirken Mandelas begann allerdings schon vor meinem Forschungsaufenthalt in Südafrika. Es hat mit meiner Sozialisierung in der Katholischen Jugend zu tun, die so wie viele andere zivilgesellschaftliche Akteure sich in den 1980er Jahren für die Freilassung Mandelas einsetzten, der damals schon über zwanzig Jahre in Gefangenschaft verbracht hatte. Laut Mandela schien sich sogar Papst Johannes Paul II. mit seinem Kampf gegen die Apartheid identifiziert zu haben.[21] Ich erinnere mich, dass ich damals mit meinem Großvater mütterlicherseits, einem Sensenschmied, der mich als langjähriges Gewerkschafts- und SPÖ-Parteimitglied politisch früh prägte, in Streit geriet. Er war schon über achtzig Jahre alt und informierte sich über das politische Weltgeschehen durch die Tiroler Tageszeitung. Diese Tageszeitung stand deutlich in der Nähe des südafrikanischen Apartheidregimes und sah im ANC nichts als Terroristen.[22] Anton Pelinka bemerkte damals in einem Interview, dass hier eine „Einseitigkeit" vorhanden war wie „sonst in keiner anderen europäischen Tageszeitung"[23]. Meine – durch die Katholische Jugend und andere kirchliche Gruppen – geprägte Sicht stand dieser Position klar entgegen. Ich wollte meinem Großvater sogar verbieten, weiter die Tageszeitung zu lesen. Das gelang mir natürlich nicht und leider verstarb mein Großvater schon 1986, sodass ich mit ihm die weitere Entwicklung in Südafrika nicht mehr besprechen konnte.

Es gab noch einen ähnlichen Konflikt mit einem meiner Vorbilder. Meine wissenschaftliche Arbeit war seit ca. 1984 durch

Raymund Schwagers Anregung von René Girards mimetischer Theorie geprägt. Als dieser erstmals 1986 durch eine von Schwager mitorganisierte Konferenz nach Deutschland in die katholische Akademie in Stuttgart kam, durfte ich als noch junger Dissertant daran teilnehmen. Dort traf ich erstmals meinen langjährigen Mentor. Nach drei Tagen intensiver Diskussionen über Gewalt und Religion provozierte ich Girard und andere anwesende Professoren mit der Bemerkung, dass zwar die theoretischen Überlegungen durchaus anregend waren, aber ich sehr enttäuscht sei, dass auf politisch-praktischer Ebene nichts Konkretes zu hören war. Warum, so meine zugespitzte Frage, hat sich niemand für die Freilassung Mandelas ausgesprochen? Die meisten schwiegen; Girard, der in tagespolitischen Positionierungen immer sehr zurückhaltend war, verwies ausweichend auf seinen aus Südafrika stammenden Freund und Theologen Robert G. Hamerton-Kelly, der damals Dean of the Chapel an der Stanford University war, und bemerkte auf meine Anfrage, dass diese Frage zu komplex sei, um einfache Antworten geben zu können. Aus heutiger Sicht zeigt sich, dass damals die Katholische Jugend näher am Puls der Zeit war als die ältere Generation, die noch zu sehr vom Kalten Krieg geprägt war. Später wurde Hamerton-Kelly einer meiner Freunde, der mir 1991/92 dazu verhalf, ein Jahr am Center for International Security and Arms Control der Stanford University zu verbringen, wo ich friedensethische Überlegungen aus der Sicht eines Forschungszentrums einer militärischen Supermacht kennenlernte. Bezüglich Südafrika erinnere ich mich, dass Cyril Ramaphosa, der im Juni 1991 zum Generalsekretär des ANC gewählt wurde und heute einer der Nachfolger Mandelas als Präsident Südafrikas ist, auch am Center zu Besuch war. Angesichts meines schon länger bestehenden Interesses für Mandela überrascht es vermutlich nicht, dass ich bei meinem Forschungsaufenthalt 2021 bald nach meiner Ankunft Robben Island, die ehemalige Gefangeneninsel in der Nähe von Kapstadt, besuchte, auf der Mandela achtzehn Jahre seiner siebenundzwanzig Gefängnisjahre verbrachte.

Mandelas politischer Weg wurde für mich aber auch für grundsätzliche friedensethische Überlegungen wichtig, die sich im Gefolge meiner von Girard inspirierten Arbeit über das Verhältnis von Gewalt und Religion ergaben. Während die frühen Religionen den inneren Frieden von Stammesgruppen mittels Gewalt gegen Sündenböcke herzustellen versuchten, zeichnet sich die monotheistische Tradition durch die Parteinahme für die verfolgten Opfer aus. Die Abrahamitischen Religionen – Judentum, Christentum und Islam – solidarisieren sich mit den Opfern kollektiver Gewalt und decken so den für die frühen Religionen prägenden Sündenbockmechanismus auf. Da wir aber zur Genüge wissen, dass diese Revolution eine religiös motivierte Gewalt nicht für immer aus der Welt geschafft hat, ist es wichtig, auch die neuen Versuchungen zu verstehen, die mit der monotheistischen Tradition entstanden sind. Die Solidarität mit den Opfern von Gewalt führt zu neuer Gewalt, wenn diese Parteinahme als Rechtfertigung für die Verfolgung der Verfolger:innen herangezogen wird. Es kommt dann zu einer „Jagd auf die Sündenbockjäger“[24]. Im Blick auf die heiligen Schriften zeigt sich hier deren Fragmentierung, weil die Opferperspektive zwar übernommen, die in Bibel und Koran aber genauso stark betonte Vergebung missachtet wird. Die Solidarisierung mit den Opfern ohne gleichzeitige Bemühung um Vergebung ist aber eine neue und besonders gefährliche Quelle von Gewalt. Der moderne Terrorismus in all seinen Spielarten ist wesentlich von dieser Haltung geprägt. Der kanadische Philosoph Charles Taylor hat sich im Anschluss an Girard ausführlich mit dieser Frage beschäftigt und verweist auf das Beispiel von Nelson Mandela, um zu zeigen, welche politischen Auswege aus dieser Gefahr möglich sind. Nach Taylor gelang es Mandela in seiner Zeit als Präsident Südafrikas, das Unrecht während der Apartheid anzusprechen und ins allgemeine Bewusstsein zu rufen, ohne dadurch gleichzeitig Vergeltung anzustacheln. Gemeinsam mit Bischof Desmond Tutu trat er für die Errichtung der Wahrheits- und Versöhnungskommission in Südafrika ein. Charles Taylor fasst Mandelas Überwindung des Verlangens nach Vergeltung so zusammen:

> Hier ist große politische Klugheit zum Tragen gekommen. Denn wenn man den nur allzu verständlichen Weg der Rache eingeschlagen hätte, wäre es unmöglich gewesen, eine neue, demokratische Gesellschaft aufzubauen. Diese Überlegung hat in der Geschichte viele politische Führer nach Zeiten des Bürgerkriegs dazu veranlaßt, eine Amnestie auszurufen. Doch im Falle Mandelas ging es um mehr. Eine Amnestie hat den Nachteil, daß sie normalerweise eine Unterdrückung der Wahrheit mit sich bringt oder zumindest eine Verdrängung des Bewußtseins der schrecklichen Missetaten, die deshalb in dem betreffenden Gemeinwesen weiterschwären. Mandelas Antwort war die Kommission für Wahrheit und Versöhnung, die zwar schreckliche Untaten ans Licht bringen, diese aber nicht unbedingt in einen Rahmen der Vergeltung stellen sollte.[25]

Gandhi und Mandela berühren und unterscheiden sich in ihrem Zugang zur Gewaltfreiheit. Während Gandhi sie für eine grundsätzliche Lebenshaltung hielt, sah Mandela in ihr eher ein Instrument, das in bestimmten Situationen hilfreich sein kann. Beide eint aber die positive Sicht der Menschen, die sie grundsätzlich für friedensfähig halten. Sie stimmen auch bezüglich der Eskalationsgefahr von Gewalt überein und verstehen beide, dass sich das Verhältnis von Gewalt und Gewaltfreiheit nicht auf ein simples Schwarz-Weiß-Schema reduzieren lässt. Mandela ergänzt Gandhi dort, wo er zeigt, wie auch aus einer Position politischer Macht der Frieden gestärkt werden kann. Gandhi steht dagegen eher für eine Position von Antipolitik, ähnlich der des ehemaligen tschechischen Präsidenten Václav Havel, die an politische Macht immer wieder die Frage stellen muss, ob sich diese wirklich um ein Mehr an Gewaltfreiheit bemüht.[26]

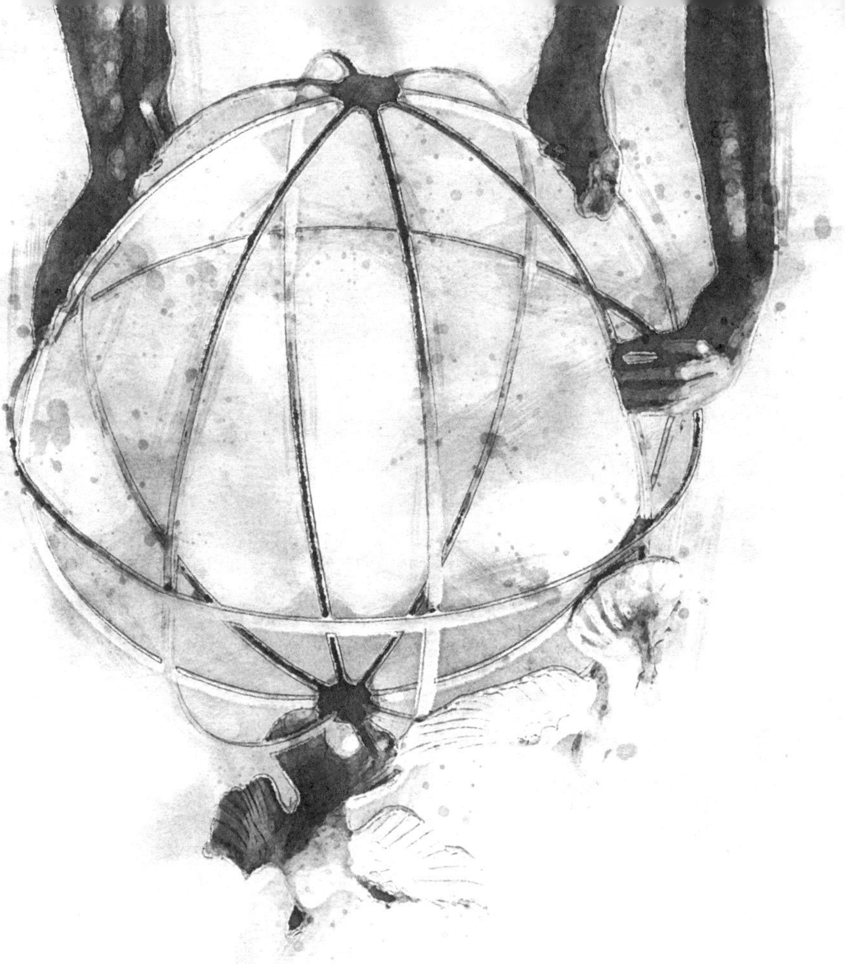

I. KAPITEL

FRIEDEN IN ZEITEN EINES DRITTEN WELTKRIEGS IN STÜCKEN

Die Atombombe hat der Gewalt kein Ende gesetzt. Die Herzen der Menschen sind voller Gewalt, und man könnte sogar sagen, dass die Vorbereitungen für einen dritten Weltkrieg bereits begonnen haben.[27]

MAHATMA GANDHI, JULI 1946

Der Friede ist keine abstrakte Idee, der orts- und zeitunabhängig als Ideal in den Wolken schwebt, sondern beschreibt das Verhältnis zwischen uns Menschen und auch zwischen uns und der Natur an konkreten Orten in der jeweiligen Zeit.

Wie steht es um den Frieden in unserer gegenwärtigen Welt? In Europa sind wir zurzeit mit dem Krieg in der Ukraine konfrontiert, der aber nicht isoliert betrachtet werden darf, sondern im Blick auf die Gewaltsituation der Welt insgesamt beurteilt werden muss. Auch die aktuelle Gefahrenlage der Welt mit der Möglichkeit eines Atomkrieges darf dabei nicht übersehen werden. In Europa hat der Ukrainekrieg zu erhöhten Rüstungsanstrengungen geführt und pazifistische Positionen fragwürdig erscheinen lassen. Der gegen Israel erfolgte Terroranschlag der Hamas vom 7. Oktober 2023 löste einen Krieg gegen den Terror aus, der so unvermeidlich zu sein schien wie die Reaktion der USA auf die Anschläge vom 11. September 2001. Müssen wir uns von Konzepten verabschieden, die uns in den letzten Jahrzehnten gewaltfreie Konfliktlösungswege als Alternative zu Gewalt, Krieg und Terror versprochen haben? Und welche Fragen stellen sich konkret für die Sicherheit in Europa und damit verbunden auch für die immerwährende Neutralität in Österreich, die für die Bevölkerung seit ihrer Erklärung während des Kalten Krieges zur Friedensgarantin geworden ist?

DER UKRAINEKRIEG ALS TEIL EINES SICH STÜCKWEISE EREIGNENDEN WELTKRIEGES

Durch Putins Angriffskrieg gegen die Ukraine im Februar 2022 wurde in Europa eine neue friedensethische Diskussion ausgelöst. Fragen über Krieg und Frieden, die kaum noch diskutiert wurden, standen plötzlich wieder auf der Tagesordnung. Vielen schien der Frieden in Europa zur Selbstverständlichkeit geworden zu sein, der uns für immer von der Zeit der beiden Weltkriege im 20. Jahrhundert trennen würde. Der Krieg gegen die Ukraine löste einen Schock aus und riss die Menschen aus der träumerischen Vorstellung, in einer für immer friedlichen Welt zu leben. Der deutsche Bundeskanzler Olaf Scholz sprach sogar von einer „Zeitenwende", ein Begriff, der zum Wort des Jahres 2022 in Deutschland wurde. Dieser Schock verdankt sich allerdings dem Ausblenden von Krieg und Gewalt, die in Wahrheit weder in Europa noch weltweit aufgehört hatten. Nur sehr privilegierte Teile Europas kannten nach 1945 keine Kriege mehr. Es braucht nur an die kriegerischen Konflikte in Nordirland und im ehemaligen Jugoslawien erinnert zu werden. Auch der Ukrainekrieg begann schon 2014 mit der russischen Besetzung der Krim und weiteren Gebieten im Osten des Landes. Bereits damals hätte die Weltgemeinschaft diesen Verletzungen der territorialen Integrität der Ukraine entschieden entgegentreten müssen.

Aus der Sicht des globalen Südens erweist sich aber der Schock über den Ukrainekrieg als Folge einer verkürzten eurozentrischen Perspektive. Das zeigt sich allein schon an der Tatsache, dass nach Angaben des Global Peace Index von den im Jahr 2022 insgesamt 238.000 Opfern bewaffneter Konflikte mehr Menschen im Tigray-Konflikt in Äthiopien starben (über 100.000) als im russischen Angriffskrieg in der Ukraine (82.000).[28] Global gesehen herrschte in nur sehr wenigen geschützten Bereichen Frieden, während viele Teile der Welt mit Gewalt und Krieg in ihren unterschiedlichsten Ausprägungen leben mussten. Der aus Argentinien stammende Papst Franziskus steht für eine umfassendere Sichtweise, wenn er – nahezu von Beginn seines Pontifikates an – betont, dass wir mitten in einem stückweise sich ereignenden

Dritten Weltkrieg leben. Bei einer Predigt im September 2014 hat er anlässlich des hundertsten Gedenkens an den Ersten Weltkrieg bei der militärischen Gedenkstätte Redipuglia in Italien von einem „dritten Krieg […] in Abschnitten“ gesprochen und dafür „Verbrechen, Massaker, Zerstörungen“[29] genannt. Wenige Wochen später äußerte er sich in seiner Ansprache an die Teilnehmer:innen des Internationalen Treffens der Volksbewegungen deutlicher und nannte als Ursache für diesen „Dritten Weltkrieg“ jene „Wirtschaftssysteme, die nur dann überleben können, wenn Krieg geführt wird“[30]. In seiner Botschaft zum Weltfriedenstag am 1. Jänner 2017, die den Titel *Gewaltfreiheit: Stil einer Politik für den Frieden* trägt, weitet er noch einmal den Blick und konkretisiert den „stückweisen Weltkrieg“, indem er die vielen Formen der Gewalt in der gegenwärtigen Welt benennt:

> Kriege in verschiedenen Ländern und Kontinenten; Terrorismus, Kriminalität und unvorhersehbare bewaffnete Übergriffe; Formen von Missbrauch, denen die Migranten und die Opfer des Menschenhandels ausgesetzt sind; Zerstörung der Umwelt.[31]

Indem der Papst auch die Zerstörung der Umwelt in sein weites Verständnis von Krieg und Gewalt miteinbezieht, zeigt sich, dass seine Friedensethik auch engstens mit seinem Einsatz für die Schöpfungsbewahrung verbunden ist, die er in seiner Enzyklika *Laudato si’* von 2015 ins Zentrum stellte. In seiner Enzyklika *Fratelli tutti* von 2020 verbindet er schließlich diesen „Weltkrieg in Stücken“ mit der globalen Vernetzung in unserer Welt, in der praktische Lösungen in einem Teil der Welt „Gewaltfaktoren“ auslösen können, die dann den ganzen Planeten betreffen und „den Weg für zukünftige neue und schlimmere Kriege“[32] bereitet.

Mit seinem weiten Verständnis von Krieg und Gewalt verweist Papst Franziskus indirekt auf einen positiven Frieden, der Gewalt in all seinen Formen zu überwinden versucht. Diese Ausrichtung bestimmte schon das Zweite Vatikanische Konzil, das im Konzilsdokument *Gaudium et spes* festhielt, dass der „Friede nicht die bloße Abwesenheit von Krieg“[33] ist. Sie bestimmt auch das Herangehen der von der katholischen Friedensbewegung Pax Christi International initiierten „Catholic Nonviolence Initative“, die auch die Konzentration auf alle Formen von Gewalt und nicht nur auf Krieg für ein verstärktes Bemühen um Gewaltfreiheit und einen gerechten Frieden betont.[34]

DIE WELTUNTERGANGSUHR WARNT: 85 SEKUNDEN VOR MITTERNACHT

Zur Beurteilung der gegenwärtigen Weltlage muss aber nicht nur die Gewalt in all ihren verschiedenen Formen wahrgenommen werden, sondern es benötigt auch den Blick auf das aktuell bestehende Bedrohungspotential. Eine ernst zu nehmende Einschätzung liefert dazu das *Bulletin of the Atomic Scientists*, das seit 1947 die jeweils aktuelle Gefahrenlage der Welt mittels der Weltuntergangsuhr anzeigt.[35] Am Beginn wurde die Zeit mit sieben Minuten vor Mitternacht angegeben. 1953 angesichts amerikanischer und sowjetischer Wasserstoffbombentests wurde die Uhr auf zwei vor zwölf vorgestellt. Den entspanntesten Wert erreichte die Welt 1991 mit siebzehn Minuten vor zwölf Uhr, als der START-Vertrag zur Verringerung strategischer Waffen zwischen den USA und der Sowjetunion unterzeichnet wurde. Seit Jänner 2026 steht der Zeiger erstmals bei 85 Sekunden vor Mitternacht. Als Gründe für diese Einschätzung werden die Russische Invasion in der Ukraine, die bestehende Zahl von Nuklearwaffen (inklusive ihrer Modernisierung), die Klimakrise, die Biogefahren und die Gefahren, die von gesellschaftsspaltenden Technologien im Medienbereich ausgehen, angeführt.

Seit den Atombombenabwürfen über Hiroshima und Nagasaki im Jahre 1945 hängt die Gefahr eines Atomkrieges wie ein Damoklesschwert über unserer Welt. Die gefährlichste Situation war im Herbst 1962 mit der Kubakrise gegeben, über die Experten und Expertinnen heute festhalten, dass die Menschheit damals nur mit sehr viel Glück einer atomaren Katastrophe entkam. Papst Johannes XXIII. war einer der Vermittler, die damals zur Überwindung der Kubakrise beitrugen.[36] Die bedrohliche Lage bewog ihn, 1963 die Friedensenzyklika *Pacem in terris* zu veröffentlichen, in der er – gibt man das lateinische Original unverfälscht wieder – davon spricht, dass es angesichts der schrecklichen Zerstörungsgewalt moderner Waffen ein „Wahnsinn ist […], den Krieg noch als das geeignete Mittel zur Wiederherstellung verletzter Rechte zu betrachten“[37]. Auch gegenwärtig darf die von Atomwaffen ausgehende Gefahr nicht unterschätzt werden, wie das aktuelle Jahrbuch 2025 des Stockholmer Friedensforschungsinstituts SIPRI betont.[38] Zwar ging im Jahr 2024 die Zahl der vorhandenen Atomsprengköpfe von 12.710 auf 12.241 zurück. Die Zahl der potentiell einsatzfähigen Sprengköpfe hat allerdings auf den Stand von 9614 zugenommen. Davon sind 3912 Sprengköpfe in Raketen oder auf Schiffen einsatzbereit, ca. 2100 sogar in höchster Alarmbereitschaft. Die Atomkriegsgefahr ist Grund dafür, dass Papst Franziskus in seiner Enzyklika *Fratelli tutti* die „vollkommene[n] Abschaffung von Atomwaffen sowohl zu einer Herausforderung als auch zu einer moralischen und humanitären Pflicht“[39] erklärt.

KEIN FRIEDEN UM JEDEN PREIS: DIE SACKGASSE DES ABSOLUTEN PAZIFISMUS

Der Schock des Ukrainekrieges führte in vielen Ländern zur sofortigen Ankündigung, die Militärbudgets deutlich zu erhöhen. Der deutsche Bundeskanzler Olaf Scholz kündigte ein einmaliges Sondervermögen für die deutsche Bundeswehr in Höhe von 100 Milliarden Euro an. Auch kleinere Staaten wie Österreich haben inzwischen die Militärausgaben erhöht. Obwohl Sicherheitsexperten die Militärbudgets in einigen europäischen Ländern in der Vergangenheit für zu gering hielten, darf aber nicht übersehen werden, dass schon vor dem Krieg gegen die Ukraine die weltweiten jährlichen Militärausgaben im Jahre 2021 nach Angaben von SIPRI erstmals die Grenze von zwei Billionen Dollar überschritten haben. Im Jahre 2024 sind sie inzwischen auf den neuen Rekordwert von 2,70 Billionen US-Dollar angestiegen. Werden aber erhöhte Rüstungsausgaben Frieden und Sicherheit stärken?

Gleichzeitig mit dieser Hinwendung zur militärischen Friedenssicherung sind pazifistische Positionen deutlich unter Druck gekommen. Im Beitrag *Man kann Gandhi auch falsch verstehen* auf ZEIT ONLINE im Mai 2022 polemisierte beispielsweise der deutsche Journalist Hasnain Kazim gegen Friedensaktivisten und -aktivistinnen, die, unter Hinweis auf Gandhi, gewaltfrei den Ukrainekrieg beenden wollen: „Wie soll solch gewaltfreier Protest nach Meinung derer, die Gandhi erwähnen, überhaupt aussehen? Singend durch Kiew und Mariupol spazieren? Der russische Staat und seine Armee haben mehrfach gezeigt, dass auch friedlicher Protest sie nicht vom Töten abhält.“[40] Nach Kazim erlangte Gandhis Strategie nur in einer konkreten geschichtlichen Situation einen Teilerfolg, als allgemeine Friedenspolitik sei sie bedeutungslos. Kazim liegt damit aber falsch, wie die empirische Studie von Erica Chenoweth und Maria Stephan *Warum ziviler Widerstand funktioniert* von 2011 belegt.[41] Sie untersuchten für die Periode von 1940 bis 2004 über dreihundert Fälle von Widerstand und zeigten, dass sich gewaltfreie Formen gegenüber gewalttätigen als doppelt so erfolgreich im Friedenschaffen erwiesen haben. Einschränkend muss jedoch hinzugefügt werden, dass es sich dabei um gewaltfreien Widerstand innerhalb von Gesellschaften und nicht um Konflikte zwischen verschiedenen Staaten handelte.

Aber auch die von Kazim kritisierten Rufer:innen nach einer pazifistischen Antwort auf Putins Angriffskrieg liegen falsch, denn ein absoluter Pazifismus, der den Frieden um jeden Preis anstrebt, lässt sich friedensethisch nicht rechtfertigen. Ein solcher Pazifismus würde immer auch ungerechten Herrscher:innen, die an Ruhe und Frieden interessiert sind, recht geben und jenen die Möglichkeit zum Widerstand nehmen, die unter dieser Ungerechtigkeit leiden. Es gibt den faulen Frieden, der schlimmer sein kann als Streit. Selbst von Jesus ist nicht nur der Lobpreis der Friedenstifter:innen überliefert (Mt 5,9), sondern auch seine Aussage, dass er nicht gekommen sei, „um Frieden zu bringen, sondern das Schwert“ (Mt 10,34).

Die Weltgeschichte kennt eine Abfolge von imperialen Friedensprojekten, die nicht für einen gerechten Frieden, sondern für den Frieden gemäß der jeweils vorherrschenden Macht stehen. Die Beispiele reichen von der Pax Romana über die Pax Britannica, die Pax Americana, die Pax Sovietica bis hin zu Putins Traum von Russki Mir, jener „Russischen Welt“, die im Zusammenspiel mit der russisch-orthodoxen Kirche einem Teil der Welt eine Pax Russica verspricht.

In der Kriegstheorie gibt es die auf den ersten Blick paradoxe Einsicht, dass die Angreifer auf Frieden zielen, während die Verteidiger sich gegen diesen aufgezwungenen Frieden kriegerisch zur Wehr setzen müssen. Der deutsche Kriegstheoretiker Carl von Clausewitz zeigte am Beispiel von Napoleon, wie dieser in Europa einen Frieden zu etablieren versuchte, den die bedrohten Völker zurecht bekriegten. Nach Clausewitz ist der „Eroberer immer friedliebend“ und auf „Besitznahme“ ausgerichtet, während der „Kampf“ erst durch den Verteidiger ins Spiel kommt, der gemäß der „Kriegskunst“ nicht überfallen werden will.[42] Diese Einsicht bestätigt sich gegenwärtig auch im Ukrainekrieg, in dem Putin viel stärker an einem von ihm diktierten Frieden interessiert ist als die von ihm bedrohte und teilweise besetzte Ukraine. Was aber Clausewitz hinsichtlich der Kriegskunst festhält, gilt auch für jede Kunst des Friedens. Nur ein gerechter Friede ist erstrebenswert. Jeder Friede, der auf Unterdrückung fußt, muss bekämpft werden.

Die französische Mystikerin und Philosophin Simone Weil war unter Einfluss ihres Lehrers Alain (Émile Chartier) und auch in Folge des blutigen Ersten Weltkrieges überzeugte Pazifistin. Als sie allerdings erkannte, wie Hitler den Pazifismus ausnutzte, um seine Herrschaft ganz Europa aufzuzwingen, verwarf sie den absoluten Pazifismus und beschuldigte sich im Blick auf ihre Haltung vor 1939 sogar eines „verbrecherischen Irrtums“[43]. Mit dieser Haltungsänderung wurde sie aber nicht zur Militaristin, sondern versuchte auch im notwendigen Kampf gegen den Nationalsozialismus der Ansteckungsgefahr der Gewalt zu widerstehen. Sie interessierte sich deshalb für Gandhis Weg der Gewaltfreiheit und formulierte in diesem Zusammenhang ein Kriterium zur Beurteilung des Pazifismus, mit dem sie auch erklären konnte, warum sich viele französische Pazifisten und Pazifistinnen 1940 rasch Hitlers Armee ergaben und sich sofort in die Kollaboration mit den Nazis stürzten. Der entscheidende Unterschied besteht darin, ob der Pazifismus in der „Abscheu vor dem Sterben“ oder aber in der „Abscheu vor dem Töten“[44] wurzelt. Die erstere Haltung ist weit verbreitet, während die zweite nur selten anzutreffen ist. Nach Weil war ein Großteil der Pazifisten im damaligen Frankreich von der Todesfurcht angetrieben. Weil betonte wie Gandhi, dass Pazifisten wie Soldaten bereit sein müssen, ihr Leben zu riskieren, wenn sie zu einem gerechten Frieden beitragen wollen.

Ähnlich wie Weil argumentierte der Dissident und ehemalige tschechische Präsident Václav Havel. Er bewunderte Gandhi und sein programmatischer Anspruch, „in der Wahrheit zu leben“[45], weist deutliche Parallelen zu Gandhis gewaltfreiem Widerstand auf. Mit gewaltfreiem Widerstand boten Havel und seine Verbündeten dem kommunistischen Totalitarismus die Stirn und beendeten durch eine „Samtene Revolution“ den Kalten Krieg. Havel beschrieb sie in einer Fernsehansprache Mitte Dezember 1989 als einen „Aufstand der Wahrheit gegen die Lüge […], der Herzenswärme gegen die Gewalt“[46]. Aber auch Havels Bekenntnis zur Gewaltfreiheit meinte keinen absoluten Pazifismus. Ähnlich wie Weil sprach er im Blick auf Hitlers Eroberungspolitik von der „Blindheit des europäischen Pazifismus“, der in falscher Nachgiebigkeit die staatliche Existenz der Tschechoslowakei opferte und zum Ausbruch des Zweiten Weltkriegs beitrug.[47] Der Friede war für ihn nicht das höchste Gut, denn obwohl er selbst als „Friedenskämpfer“ bezeichnet wurde, störte er den Frieden der Staatsmacht, die ihn deshalb mittels falscher Anschuldigungen als „Friedenstörer“ ins Gefängnis warf.[48] Während des Kalten Krieges setzte er sich kritisch mit der Formel „lieber rot als tot“ auseinander und sah in dieser scheinbar ganz dem Frieden verpflichteten Haltung eine gefährliche Quelle von Krieg und Gewalt. Weil diese Haltung kein über die bloße Lebenserhaltung hinausgehendes Ziel kennt, wofür unter Umständen sogar das eigene Leben eingesetzt werden müsste, bedeutet sie eine Absage an jeden Sinn des Lebens: „Die Abwesenheit von Helden, die wissen, wofür sie sterben, ist der erste Schritt zu den Leichenhaufen derer, die nur noch wie Vieh geschlachtet wurden.“[49]

Havels Kritik eines Pazifismus aus Todesfurcht deckt sich mit Einsichten von Weil und Gandhi. Sie kann auch mittels einer kritischen Reflexion über John Lennons Song *Imagine* von 1971 verdeutlicht werden, der als inoffizielle Hymne der gegen den Vietnamkrieg gerichteten amerikanischen Friedensbewegung gilt. Lennon drückte darin die moderne Ablehnung des Opfers und der Gewalt mit „nothing to kill or die for“ (nichts, wofür es sich zu töten oder zu sterben lohnt) aus, um sich gegen die traditionell geforderten Lebensopfer für Religion oder Nation zu wenden. Entsprechende Gewaltexzesse in der Vergangenheit sprechen für diese Position. Dennoch bleibt sie zu oberflächlich, um den Herausforderungen von Krieg und Gewalt gerecht zu werden. Als Beispiel kann auf den 2007 seliggesprochenen österreichischen Bauern Franz Jägerstätter verwiesen werden, der seine Weigerung, für Hitler in den Krieg zu ziehen, mit dem Leben bezahlen musste. Es kann Situationen im Leben geben, die das Opfer des Lebens erfordern, um Gewalt zu vermeiden. Lennons Song klammert das allzu vorschnell aus.

Papst Johannes Paul II. setzte die von Johannes XXIII. und dem Zweiten Vatikanischen Konzil geforderte Absage an Krieg und Gewalt so sehr fort, dass ihm sogar vereinzelt ein naiver Pazifismus vorgeworfen wurde. In der gewaltfreien Revolution Osteuropas sah er ein Vorbild, wie mit den „Waffen der Wahrheit und der Gerechtigkeit […] für die Gerechtigkeit“ gekämpft werden soll, und blendete dabei auch nicht die „Opfer“ aus, die ein solcher Kampf erfordern kann.[50] Kriegerische Interventionen lehnte er in den allermeisten Fällen ab. Selbst den vom UN-Sicherheitsrat genehmigten Krieg gegen den Irak im Jahre 1991, mit dem eine US-amerikanisch angeführte Koalition Kuwait befreite, lehnte er mit den Worten „Nie wieder Krieg!“[51] ab. Doch damit wollte er keinen Frieden um jeden Preis vertreten, wie er das damals auch betonte: „Wir sind keine Pazifisten, wir wollen nicht den Frieden um jeden Preis. Gerechter Friede, Friede und Gerechtigkeit. Der Friede ist immer das Werk der Gerechtigkeit.“[52]

Der Pazifismus erweist sich nicht bloß in seiner absoluten Form als problematisch, sondern ist auch als Begriff wegen seiner vielen verschiedenen Auslegungen wenig brauchbar. Zu schnell wird der Pazifismus mit einer passiven Haltung verbunden, die dem Bösen nicht entschieden entgegentritt. Es überrascht daher nicht, dass Vertreter der „Catholic Nonviolence Initiative“ und auch andere friedensethische Vordenker diesen Begriff meiden und besser vom Vorrang der Gewaltfreiheit sprechen.[53] Ich schließe mich dieser Position an.

FRIEDE DURCH RECHT: VON DEN VEREINTEN NATIONEN ZUR EUROPÄISCHEN UNION

Die beiden Kriegskatastrophen des 20. Jahrhunderts drängten die Menschheit zur Abschaffung des Krieges. Friede sollte in Hinkunft mittels des Rechts aufrechterhalten werden. Zuerst wurde 1920 dafür der Völkerbund gegründet. 1928 erfolgte die Ächtung des Krieges im Briand-Kellogg-Pakt. Dieses Verbot des Kriegs steht auch im Zentrum der 1945 beschlossenen Charta der Vereinten Nationen, die in ihrer Präambel die Entschlossenheit betont, zukünftig Kriege zu verhindern. Angriffskriege waren damit verboten und die militärische Verteidigung ist nach Artikel 51 nur noch im Fall eines widerrechtlichen Angriffs erlaubt. Gemäß der UN-Charta soll mittels kollektiver Sicherheit der Frieden in der Welt garantiert oder im Fall, dass ein Staat vertragsbrüchig wird, wiederhergestellt werden. Dieses Konzept eines durch Recht garantierten Friedens musste allerdings von Beginn an Kompromisse mit der politischen Realität eingehen, weil im UN-Sicherheitsrat die fünf ständigen Mitglieder ein Vetorecht besitzen und sich damit häufig gegenseitig blockieren. In vielen Fällen verhinderte das Vetorecht, dass der Sicherheitsrat im Sinne der Charta aktiv werden konnte. Der gegenwärtige Ukrainekrieg ist nur ein weiteres Beispiel für eine solche Selbstblockade des Sicherheitsrats.

Auch die Errichtung der Europäischen Union verdankt sich dem Bemühen, für die Zukunft zu verhindern, dass wieder ein Weltkrieg in Europa seinen Ausgang nimmt. Zurecht wurde das Friedensprojekt Europa 2012 mit dem Friedensnobelpreis ausgezeichnet. Der Beginn der europäischen Einigung war allerdings noch ganz vom Kalten Krieg geprägt und beschränkte sich daher nur auf wenige Länder im Westen Europas, die außerdem mit Ausnahme Deutschlands alle Mitglieder des unter Führung der USA stehenden nordatlantischen Verteidigungsbündnisses NATO standen.[54] Der gemeinsame Feind im Osten erleichterte die Zusammenarbeit der Gründungsländer. Zur Versöhnung zwischen Frankreich und Deutschland wurde zuerst die wirtschaftliche Zusammenarbeit in den für kriegerische Zwecke wichtigen Bereichen Kohle und Stahl institutionalisiert. Aus der Europäischen Gemeinschaft für Kohle und Stahl, die 1951 gegründet wurde, ging dann über die Zwischenstation der Europäischen Wirtschaftsgemeinschaft schließlich die Europäische Union hervor, der heute 27 Staaten angehören.

Das europäische Friedensprojekt war in den ersten Jahrzehnten nur beschränkt wirksam, da es durch seine enge Verflechtung mit der NATO – Deutschland trat 1955 bei – eindeutig der US-geführten Konfliktpartei angehörte. Erst mit dem Ende des Kalten Krieges konnte die EU eigenständiger als Friedensakteurin wirken, indem sie sowohl Länder des ehemaligen Ostblocks als auch neutrale Länder in ihre Gemeinschaft aufnahm. Mit der zunehmenden europäischen Integration und den dazu notwendigen Verträgen entwickelte sich auch die EU zu einer Akteurin, die Frieden durch Recht zu gewährleisten versuchte. Im Inneren ist das auch gut gelungen, nach außen hin bleiben immer noch viele Fragen offen, da sich mit der Osterweiterung der EU die Außengrenze nach Osten verschob und spätestens seit dem Ukrainekrieg sich wieder Verhältnisse abzeichnen, die dem Kalten Krieg ähneln. Vertraglicher Höhepunkt der europäischen Einigung ist der Vertrag von Lissabon, der 2007 geschlossen wurde und Regeln für eine gemeinsame Verteidigungs- und Sicherheitspolitik festlegt, die sowohl den NATO-Mitgliedern als auch den neutralen Ländern die Teilnahme möglich macht. In Übereinstimmung mit der UN-Charta verpflichten sich die Staaten bei einem Angriff auf eines ihrer Mitglieder, „alle in ihrer Macht stehende Hilfe und Unterstützung" zu leisten (Art. 42, EU-Vertrag). Für die neutralen Staaten wurde dazu eigens festgehalten, dass diese Verpflichtung „den besonderen Charakter der Sicherheits- und Verteidigungspolitik bestimmter Mitgliedstaaten unberührt" lässt.

Die unmittelbaren Jahre nach dem Ende des Kalten Krieges war von der großen Hoffnung auf ein „Friedensprojekt Europa" geprägt.[55] Für den deutschen Soziologen Hans Joas ist diese Hoffnung inzwischen fragwürdig geworden, denn schon allein die bestehende Verflechtung von EU und NATO führt dazu, dass Europa von außen auf doppelte Weise wahrgenommen wird und daher folgende Frage aufwirft: Repräsentiert Europa ein „föderales Friedensprojekt“ oder steht es für ein „Militärbündnis unter Führung einer imperialen Macht (der USA)“[56]? Der gegenwärtige Ukrainekrieg hat diese Frage noch verschärft.

KOLLEKTIVE SICHERHEIT UND NEUTRALITÄT

Vor dem Hintergrund des Bemühens, Frieden durch Recht herzustellen, muss auch die Frage der Neutralität diskutiert werden. Die klassische Neutralität stammt aus einer Zeit, in der der Krieg als ein normales Mittel der Politik galt. Noch Clausewitz sprach vom Krieg als einem „Instrument der Politik“[57]. In einer Welt, in der Krieg zu politischen Zwecken dient, war die Neutralität eine Möglichkeit, sich aus kriegerischen Konflikten herauszuhalten. Neutrale Staaten konnten eine wichtige Vermittlerrolle zwischen den Konfliktparteien anbieten. Völkerrechtlicher Höhepunkt der Neutralität waren die Haager Konventionen von 1907, die den neutralen Staaten bestimmte Rechte und Pflichten zusprachen. Mit den beiden Weltkriegen und dem in der UN-Charta formulierten Kriegsverbot wurde der Neutralität aber ihre eigentliche Grundlage entzogen. Wenn kein Krieg erlaubt ist, gibt es auch keine Möglichkeit der Neutralität. Die kollektive Sicherheit verlangt von allen Mitgliedern, gemeinsam gegen mögliche Verletzungen des Völkerrechts vorzugehen. Aus diesem Grund behauptete der bekannte Rechtswissenschaftler Hans Kelsen 1950, dass eine immerwährende Neutralität mit der Mitgliedschaft in den Vereinten Nationen nicht kompatibel sei.[58] Ähnlich betonte Papst Pius XII. in seiner Weihnachtsansprache von 1948 den „Zusammenschluss der Völker gegen den Angriffsgeist“, indem er festhielt, dass die „Solidarität der Völkerfamilie“ es verbiete, „sich in gefühlloser Neutralität als einfacher Zuschauer zu verhalten“[59].

Der österreichische Moraltheologe Johannes Messner erwähnte die Neutralität in seinem 1950 in erster Auflage erschienenen Hauptwerk *Das Naturrecht* mit keinem Wort. Das alles änderte sich erst mit der 1955 erfolgten Neutralitätserklärung Österreichs, die vor dem Hintergrund des Kalten Krieges zu verstehen ist, der die in der UN-Charta festgelegte kollektive Sicherheit lahmlegte. In der überarbeiteten dritten Auflage seines Buches *Das Naturrecht* von 1958 setzte er sich mit der Frage der Neutralität auseinander und bemerkte dazu, dass es zwar kein moralisches Recht auf Neutralität gebe, sie aber in Ausnahmefällen gerechtfertigt sei.[60] Österreichs Neutralität sei aufgrund ihres Beitrags zur Entspannung zwischen Ost und West moralisch legitim. Mit dem Ende des Kalten Krieges und dem 1995 erfolgten Beitritt Österreichs zur EU verlor die Neutralität ihre bisherige ethische Rechtfertigung.

Putins Angriffskrieg gegen die Ukraine hat die Neutralität zusätzlich unter Druck gebracht, seit Finnland und Schweden, die wie Österreich 1995 Mitglied der EU wurden, sich für den Beitritt zur NATO entschieden haben. Ausschlaggebend für die Abkehr dieser beiden Länder von der Neutralität war die erhöhte Gefahrenlage, die der Angriffskrieg Russlands gegen die Ukraine auslöste, und deren geografische Lage im Norden Europas, die sie diese Gefahr deutlicher wahrnehmen lässt. Finnlands Neutralität wurzelt im Kalten Krieg und war schon durch dessen Ende fragwürdig geworden. Erstaunlicher ist dagegen Schwedens Abkehr, denn die schwedische Neutralität geht auf das frühe 19. Jahrhundert zurück und weist eine lange Tradition auf. Allerdings änderte Schweden seine Position schon nach dem Ende des Kalten Krieges und entschied sich im Jahre 2002 für eine Allianzfreiheit, womit zwar der Beitritt zu einem Militärbündnis ausgeschlossen, aber keine grundsätzlich neutrale Haltung mehr verbunden war. Der jetzt erfolgte Schritt von der Allianzfreiheit hin zur Mitgliedschaft in der NATO wurde dadurch leichter möglich.

Selbst die seit 1815 etablierte Neutralität der Schweiz blieb von den weltpolitischen Veränderungen seit dem Ende des Kalten Krieges nicht unberührt. Lange blieb die Schweiz aufgrund der Einsicht in das grundsätzliche Spannungsverhältnis zwischen kollektiver Sicherheit und klassischer Neutralität sowohl außerhalb der Vereinten Nationen als auch außerhalb der Europäischen Union. Nach dem Ende des Kalten Krieges erfolgte allerdings 2002 der Beitritt zur UNO, während die Neutralität weiterhin eines der Hindernisse für einen Beitritt zur EU blieb. Aktuelle Diskussionen in der Schweiz drehen sich um die Frage, ob es der Neutralität nicht schade, aktuell sogar als nichtständiges Mitglied im UN-Sicherheitsrat vertreten zu sein, und wie die Schweizer Neutralität angesichts des Krieges gegen die Ukraine zu verstehen sei.

Neben Österreich sind innerhalb der EU nur noch Irland, Zypern und Malta neutral. In Österreich fehlt spätestens seit dem Beitritt zur EU eine Diskussion, auf welche Weise Österreich seine Neutralität verstehen will. Zunehmend scheint ein opportunistisches Neutralitätsverständnis vorzuherrschen, das Österreich zwar alle Vorteile der EU-Mitgliedschaft ermöglicht, aber umgekehrt keine Verpflichtung zur Solidarität sieht. Der deutsche Philosoph Karl Jaspers diskutierte die Vor- und Nachteile der Neutralität schon in den 50er Jahren. Als Gefahren nannte er den materiellen Opportunismus und den fehlenden Opfergeist: „Die materiellen Vorteile der Neutralität können verführen zum

Wohlleben im Geschäftemachen und zum Nutznießerdasein. Das Nichtdabeisein in vermeintlicher Gefahrlosigkeit läßt den Opfergedanken verlorengehen."[61] Bezüglich des Opfers gilt für die Neutralität Ähnliches wie für den Pazifismus. Sich nur Kosten und Mühen ersparen zu wollen, ist noch kein ethisch positiver Beitrag zum Frieden. Jaspers sprach damals der Neutralität aber auch die positive Möglichkeit zu, zum „Symbol der friedlichen Möglichkeit für alle"[62] zu werden. Dies wäre nach Jaspers aber nicht ohne Opfer möglich, weshalb er eine „Stärke der Rüstung" neutraler Staaten einforderte. Aus heutiger Sicht scheint dies aber kein gangbarer Weg mehr zu sein, denn militärische Sicherheit kann es für kleine Staaten wie Österreich nur in Zusammenarbeit mit anderen Staaten in der EU geben. Die geplante Kooperation mit der von Deutschland initiierten „European Sky Shield Initiative" zum Aufbau eines europäischen Luftverteidigungssystems ist ein Beispiel dafür. Friedensstiftend könnte die Neutralität aber dort wirken, wo sie eine Vorreiterrolle hinsichtlich einer friedlicheren und gewaltfreieren Welt einnimmt. Angesichts der Gefahren eines Atomkrieges trat 2021 der Atomwaffenverbotsvertrag in Kraft. Bis Februar 2026 haben 99 Staaten den Vertrag unterzeichnet und 74 davon auch schon ratifiziert. Während der Heilige Stuhl zu den Erstunterzeichnern gehörte und Österreich diesen Vertrag sehr aktiv unterstützte, gibt es kein NATO-Land unter den Vertragspartnern. Österreich kann innerhalb der EU zum Vorreiter für eine nuklearwaffenfreie Welt werden. Weiters können neutrale Staaten innerhalb der EU auch dafür sorgen, dass nicht allein die militärische Logik innerhalb Europas vorherrscht, sondern auch Formen sozialer Verteidigung verstärkt entwickelt und eingeübt werden. Österreich könnte seine Neutralität in diese Richtung weiterentwickeln und innerhalb der EU entsprechende Dienste übernehmen, die auch deutlich machen, dass sich Österreich nicht als bloßer Trittbrettfahrer auf die europäische Beistandspflicht verlässt, sondern selbst aktiv Aufgaben und Kosten für die Gemeinschaft übernimmt.

II. KAPITEL

VON GANDHI UND MANDELA LERNEN: DIE VORRANGIGE OPTION FÜR DIE GEWALTFREIHEIT

Gewaltfreiheit ist die größte Kraft, die dem Menschen geschenkt worden ist. Wahrheit ist das einzige Ziel des Menschen. Denn Gott allein ist die Wahrheit. Doch die Wahrheit kann niemals erreicht werden, außer durch die Gewaltfreiheit.[63]

MAHATMA GANDHI, JULI 1926

Mit Mahatma Gandhi und Nelson Mandela können uns zwei Friedenskämpfer in unseren Zeiten des Krieges zeigen, wie Schritte in Richtung einer gewaltfreieren Lösung von Konflikten gegangen werden können. Obwohl beide einen unterschiedlichen Zugang zur Gewaltfreiheit haben – Gandhi einen prinzipiellen und Mandela einen pragmatischen –, treffen sie sich dennoch in der Absage an eine trennscharfe Unterscheidung von Gewalt und Gewaltfreiheit in ihrem Bemühen, die Eskalation von Gewalt zu begrenzen, und in ihrem Glauben, dass die Menschen grundsätzlich zum Frieden fähig sind.

MAHATMA GANDHI

Mohandas Karamchand Gandhi wurde am 2. Oktober 1869 in Porbandar, einer Stadt im Westen Indiens, in einer zur Händlerkaste gehörenden Familie geboren. Schon 1883 heiratete er seine gleichaltrige Frau Kasturba, bevor er 1888 nach London zum Studium der Rechtswissenschaft ging. Nach dem Studienabschluss im Jahre 1891 und einem kurzen, nicht sehr erfolgreichen Versuch, sich als Anwalt in Mumbai zu etablieren, entschied er sich 1893, für ein Jahr nach Südafrika zu gehen, um dort einen aus Indien stammenden muslimischen Händler in einem Rechtsstreit zu unterstützen. Aus dem geplanten Jahr wurden letztlich 21 Jahre, denn sehr bald wurde er mit der rassistischen Diskriminierung der indischen Bevölkerung in Südafrika konfrontiert, was ihn dazu veranlasste, sich immer stärker für seine Landsleute zu engagieren und sich dadurch zu einem sozialen Aktivisten und Vorkämpfer für die Gewaltfreiheit zu wandeln, als der er heute weltweit bekannt ist. Gandhi entwickelte sein Konzept der aktiven Gewaltfreiheit im Kampf gegen

Diskriminierungen durch die englische bzw. ab 1910 durch die südafrikanische Regierung. 1914 kehrte er nach Indien zurück, wo er vom indischen Philosophen und Literaturnobelpreisträger Rabindranath Tagore als Mahatma, d. h. als „große Seele“, begrüßt wurde. Bald führte er dort den gewaltfreien Kampf für die indische Unabhängigkeit an, die schließlich 1947 erreicht wurde. Gegen Gandhis Willen ging die Unabhängigkeit allerdings mit der gleichzeitigen, von enormen Gewaltexzessen begleiteten Teilung des indischen Kontinents in Indien und Pakistan einher. Am 30. Jänner 1948 wurde er von einem nationalistischen Hindu während eines frühabendlichen Gebetstreffens in Delhi erschossen. Was vorerst wie die Ermordung eines für ein säkulares Indien eintretenden Aktivisten durch einen religiösen Fanatiker aussieht, zeigt sich aber bei genauerem Hinsehen als das Ergebnis einer Spiegelung westlicher, säkularer Machtpolitik, die sich gegen Gandhis aus religiösen Quellen gespeiste Politik des Friedens richtete.[64] Gandhi war im Jahre 1948 für den Friedensnobelpreis nominiert. Seine Ermordung führte aber dazu, dass in diesem Jahr kein Preis verliehen wurde, weil er posthum nicht vergeben wird.

Trotz seines Eintretens für ein säkulares Indien steht Gandhi für eine spirituell geprägte Form von Politik. Religion prägte sein Leben und sein gewaltfreies Kämpfen für den Frieden. Dabei ging es – trotz seiner lebenslangen Verbundenheit mit dem Hinduismus – nicht um das enge Anhaften an eine bestimmte institutionalisierte Form von Religion, sondern um jene Religion, „die allen Religionen zugrunde liegt“[65]. Eine breitere interreligiöse Perspektive war ihm schon in die Wiege gelegt, weil seine Mutter eine Anhängerin der Religionsgemeinschaft der Pranamis war, für die sowohl hinduistische als auch muslimische Schriften eine wichtige Rolle spielen.[66] In England und

Südafrika lernte er Christen und Christinnen kennen, wobei er vor allem durch die Schriften Tolstois die Bergpredigt Jesu besonders schätzen lernte. Unter seinen engeren Freunden und Freundinnen in Südafrika waren auch Juden und Jüdinnen, unter denen besonders der Architekt Hermann Kallenbach und die südafrikanische Bürgerrechtlerin Sonja Schlesin zu nennen sind. Sowohl in Südafrika als auch in Indien umfassten Gandhis Kampagnen vor allem Hindus, Muslime und Sikhs.

Gandhis Lebensweg führte ihn durch drei Kontinente und ließ ihn einerseits jenen Blick des globalen Südens einnehmen, den wir schon durch Papst Franziskus im vorigen Kapitel kennengelernt haben, und motivierte ihn andererseits zu einem Engagement für einen weltweiten Frieden. Für die Perspektive des globalen Südens spricht beispielsweise seine skeptische Haltung gegenüber dem 1928 geschlossenen Briand-Kellogg-Pakt, der die völkerrechtliche Ächtung des Krieges zum Inhalt hatte. In einer Stellungnahme von 1929 sprach Gandhi diesem Pakt zwar großes Potential zu, befürchtete aber aufgrund der militärisch aufrüstenden Initiatoren, dass damit die gemeinsame Ausbeutung der Völker Asiens und Afrikas nun „friedlich" fortgesetzt würde.[67] Sein Kampf für die Unabhängigkeit Indiens darf nicht als geschlossener Nationalismus verstanden werden, sondern er steht für einen offenen Patriotismus, der zum Weltfrieden führen sollte.[68]

Gandhi war sich auch schon zu seinen Lebzeiten der apokalyptischen Weltlage bewusst, die 1945 durch den Abwurf der Atombomben auf Hiroshima und Nagasaki eingetreten war. So bemerkte er in einem Artikel im Oktober 1946, dass für ihn der Zweite Weltkrieg noch nicht zu Ende gegangen sei, und dass ein dritter Weltkrieg das Ende der Welt bedeuten würde.[69]

SATYAGRAHA: GANDHIS KONZEPT DER AKTIVEN GEWALTFREIHEIT

Als Bewohner des von Großbritannien beherrschten indischen Kontinents und als Mitglied einer diskriminierten Minderheit in Südafrika war Gandhi vom Beginn seines Lebens an mit Gewalt in seiner direkten und auch seiner strukturellen Form konfrontiert. Ebenso musste auch er sich schon mit dem Phänomen des Terrorismus auseinandersetzen, denn nationalistische Hindus bekämpften mit terroristischen Mitteln die britische Kolonialmacht. In *Hind Swaraj*, seiner Schrift über die indische Selbstregierung von 1909, distanzierte er sich angesichts eines Attentats eines indischen Studenten auf einen britischen Beamten von der Logik, Gewalt mittels Gewalt zu bekämpfen, und verwies dazu auch auf Jesu Warnung, dass, wer zum Schwert greife, durch dieses umkommen werde (Mt 26,52).[70] Gandhi fürchtete, dass der gewaltsame Widerstand Indien der unterdrückenden Kolonialmacht ähnlich machen würde. Nach ihm müssen Mittel und Ziele einander entsprechen, und daher darf das Böse nicht nachgeahmt werden. Seine Worte erinnern an die Bergpredigt Jesu:

> Immer und immer wieder habe ich die Erfahrung gemacht, dass das Gute Gutes hervorruft, das Böse aber Böses erzeugt. Wenn daher der Ruf des Bösen kein Echo erfährt, so büßt es aus Mangel an Nahrung seine Kraft ein und geht zugrunde. Das Böse nährt sich nur von seinesgleichen. Die Weisen des Altertums, die dieses Gesetz erkannt hatten, vergalten daher nicht Böses mit Bösem, sondern immer nur mit Gutem, und brachten dadurch das Böse zu Fall.[71]

Gandhi verstand genau, dass Gewalt äußerst ansteckend ist und fast unaufhaltsam zur Eskalation neigt. Seine Einsicht stimmt mit der These des Gewalt- und Terrorismusforschers Friedrich Hacker überein, dass „Gewalt ansteckend wie Cholera“[72] ist. Auch die mimetische Theorie des Kulturanthropologen René Girard bestätigt, dass Gewalt aufgrund der menschlichen Neigung zur Nachahmung leicht in eine tödliche Spirale der Gewalt treibt. Girard hat dies besonders in seinem letzten Buch anhand der Kriegstheorie von Clausewitz aufgezeigt und damit auch die noch zusätzlich gesteigerte „Theologisierung des Krieges“ erklärt, die sich in der Wortwahl der für die Terroranschläge vom 11. September 2001 verantwortlichen Terroristen (die USA als „großer Satan“) sowie in den Worten von US-Präsident Bush zur Rechtfertigung seines Kriegs gegen den Terror („Achse des Bösen“) zeigte.[73]

Gandhi lehnte den Weg des Terrorismus entschieden ab, ohne allerdings Unterdrückung und Diskriminierung einfach hinzunehmen. Er interessierte sich deshalb für damals schon bekannte Formen des passiven Widerstands. Mit diesem Begriff wurden Methoden benannt, um „Rechte zu erlangen, indem man persönlich leidet“, und die das „Gegenteil von bewaffnetem Widerstand“[74] sind. Später distanzierte er sich aber von diesem Begriff, weil er darin zu sehr nur eine Waffe der Schwachen sah, die Gewalt nie ganz ausschließen können, um ihr Ziel zu erreichen. Eine Maus angesichts einer sie tödlich bedrohenden Katze ist für Gandhi das Beispiel einer Wehrlosigkeit, die keine aktive Gewaltfreiheit zulässt. Menschen, die sich in einer ähnlichen Position glauben, kennen oft nur mehr den verzweifelten Schrei nach Rache. Doch Menschen sind für Gandhi nie völlig wehrlos, weil die Stärke, die er als Voraussetzung der Gewaltfreiheit sieht, nicht zuerst der „Körperkraft“, sondern „einem unbeugsamen

Willen“[75] entspringt. Er prägte mit *satyagraha* ein Kunstwort, das für die aktive Gewaltfreiheit der Starken steht:

> Seine Grundbedeutung ist „Festhalten an der Wahrheit“, daher Wahrheitskraft. Ich habe sie auch Liebeskraft oder Seelenkraft genannt. Bei der Anwendung von Satyagraha entdeckte ich bereits im frühesten Stadium, dass das Streben nach Wahrheit es verbietet, dem Gegner gegenüber Gewalt anzuwenden, vielmehr muss er durch Geduld und Sympathie vom Irrtum abgebracht werden, denn was dem einen als Wahrheit erscheint, mag dem anderen als Irrtum erscheinen. Und Geduld bedeutet Selbstleiden. So bedeutete die Lehre schließlich, die Wahrheit dadurch zu verteidigen, dass man sich selbst Leiden auferlegt, statt es dem Gegner zuzufügen.[76]

Zwei Dinge sind hier besonders hervorzuheben. Erstens war sich Gandhi sehr bewusst, dass Gewaltfreiheit eine Form von Selbstopfer auf Seiten der gewaltfreien Kämpfer:innen erfordern kann. Aus diesem Grund betonte er auch, dass es wichtig ist, die Furcht vor dem Tod zu überwinden. Der gewaltfreie Kämpfer muss wie der Soldat damit rechnen, sein Leben aufs Spiel zu setzen.

Zweitens betonte er den Zusammenhang von Gewaltfreiheit und Wahrheit, die er sogar mit Gott identifizierte. „Die Wahrheit ist Gott“, lautet Gandhis Definition, mit der er selbst atheistische Naturwissenschaftler für seine Position zu gewinnen versuchte.[77] Gandhis Betonung der Wahrheit darf aber nicht so verstanden werden, dass er sich selbst im Besitz der Wahrheit geglaubt hätte. Nicht zufällig lautet der Untertitel seiner Autobiographie „Die Geschichte meiner Experimente mit der Wahrheit“. Er unterschied zwischen der absoluten Wahrheit, die Gott ist, und der relativen Wahrheit, die uns Menschen allein zugänglich ist. Diese war für Gandhi „Leitstern, Schutz und Schild“, ohne dass er dabei vergaß, dass der „Wahrheitssuchende […] demütig sein“[78] muss. Gerade dieses Wissen um unseren eingeschränkten Zugang zur Wahrheit verpflichtet zur Gewaltfreiheit: „Wahrheit schließt die Anwendung von Gewalt aus, da der Mensch nicht fähig ist, die absolute Wahrheit zu erkennen, und deshalb auch nicht berechtigt ist, zu bestrafen.“[79] Gandhi drückt hier eine Haltung aus, die sich als radikaler Gegensatz zu allen religiös motivierten Terroristen und Terroristinnen erweist, die mit Berufung auf Gott töten.

Gandhis Unterscheidung zwischen der absoluten und der relativen Wahrheit prägte auch sein Verständnis von Gewaltfreiheit. Oft wurde er in der westlichen Welt als Vertreter eines absoluten Pazifismus dargestellt. Er wies aber den Begriff des „Pazifismus“ als Übersetzung von *satyagraha* ausdrücklich zurück, weil er zu passiv sei und so den aktiven Kampf für Gerechtigkeit zu wenig deutlich ausdrücke.[80] Obwohl Gandhi für sich persönlich die gezielte Ausübung von Gewalt ausschloss, war er sich einerseits bewusst, dass wir Menschen in unserem Leben nie ganz der Gewalt entkommen können, und verstand andererseits auch, dass im sozialen und politischen Leben Situationen auftreten können, in denen die Gewaltfreiheit keine wählbare Option darstellt. Als er sich – wie im Burenkrieg – auch im Ersten Weltkrieg Großbritannien anbot, als Sanitäter mitzuwirken, fragten ihn Freunde und Freundinnen, ob das nicht seiner Haltung der Gewaltfreiheit widersprechen würde. Er antwortete mit dem Hinweis, dass schon die Tatsache, dass wir essen und trinken, es uns unmöglich macht, uns ganz von aller Gewalt zu lösen. Noch stärker trifft das auf das gesellschaftliche Leben zu, denn schon „durch die Existenz von Gesellschaft“[81] ist immer auch eine Teilhabe an Gewalt gegeben:

> Wenn zwei Nationen miteinander kämpfen, besteht die Pflicht des Ahimsa-Verfechters [Anm.: *ahimsa* heißt auf Sanskrit Gewaltlosigkeit] darin, dem Krieg ein Ende zu machen. Wer dieser Pflicht nicht gewachsen ist, wer nicht die Kraft hat, dem Krieg Widerstand zu leisten, wer nicht befähigt ist, dem Krieg zu widerstehen, mag am Krieg teilnehmen und dennoch aufrichtig versuchen, sich selbst, seine Nation und die Welt vom Krieg zu befreien.

Dieser realistische Zugang zum Verhältnis von Gewalt und Gewaltfreiheit erklärt dann auch, dass Gandhi keine simple Gegenüberstellung beider vornimmt, sondern sowohl hinsichtlich der Gewalt als auch der Gewaltfreiheit jeweils graduelle Unterschiede festhält: „Es gibt Grade der Gewalt wie der Gewaltfreiheit.“[82] Als 1942 Gandhi und andere Führer der indischen Unabhängigkeitsbewegung von den Briten inhaftiert wurden, brach vor allem unter deren jüngeren Anhänger:innen ein gewaltsamer Aufstand aus, der erst nach einem Monat wieder unter Kontrolle gebracht werden konnte. Gandhi verglich diesen Aufstand mit einem „Maulwurfhügel“, der von der Regierung als „Berg“ dargestellt wurde, um so die „Himalaya-Gewalt“ der Behörden zu rechtfertigen.[83] Es geht nicht nur darum, ob Gewalt ausgeübt wurde, sondern es muss auch das konkrete Ausmaß jeweils in den Blick genommen werden. Wo es nur die Wahl zwischen Feigheit und Gewalt gäbe, würde er zur Gewalt raten.[84] Für Gandhi ist klar, dass zuerst im eigenen Herzen aller Hass und alle Feindschaft überwunden sein müssen, weil es sonst heuchlerisch wäre, in einem solchen Fall nicht zum

Kampf zu schreiten. Der amerikanische Sozialphilosoph Richard Gregg, der aufbauend auf Gandhi eine Theorie des gewaltfreien Widerstands entwickelte, fasst zusammen, warum es besser ist, zu kämpfen, solange der innere Hass nicht überwunden ist:

> Solange Menschen das Gefühl unbezähmbarer Wut und Feindseligkeit in sich tragen, ist es besser, dies ehrlich und mutig zuzugeben, als zu heucheln und dem Kampf aus Feigheit auszuweichen. Mit Bezug auf eine solche Situation sagte Gandhi einst zu mir: „Hast du ein Schwert im Busen, zieh' es und kämpfe wie ein Mann."[85]

Weil keine trennscharfe Unterscheidung zwischen Gewalt und Gewaltfreiheit möglich ist, erklärte Gandhi beispielsweise den militärischen Widerstand Polens gegen die Übermacht Hitlers als „fast gewaltfrei"[86]. Ähnlich äußerte er sich im Dezember 1939, als er darauf hinwies, dass verschiedene „Arten von Gewalt" unterschieden werden müssen: „Zur Verteidigung und zum Angriff. [...] Ein Anhänger der Gewaltfreiheit muss, wenn es die Gelegenheit so ergibt, sagen können, welche Seite recht hat."[87] Gewaltfreiheit hat also nichts mit einer moralischen Neutralität gegenüber dem Unrecht zu tun.

Der norwegische Friedensforscher Johan Galtung hat gemeinsam mit dem Gandhi-Forscher Arne Næss folgende ethische Rangordnung der Widerstandsformen bei Gandhi rekonstruiert, die einerseits unterstreicht, dass Gewaltfreiheit am besten von einer Position der Stärke aus ausgeübt wird und dass andererseits Gewalt ohne Hass der Feigheit vorzuziehen ist:[88]

1. Gewaltfreiheit der Starken
2. Gewaltlosigkeit der Schwachen

3. Gewalt mit einer inneren Einstellung von Gewaltlosigkeit (*ahimsa*)
4. Gewaltlosigkeit des Feiglings
5. Gewalt kombiniert mit Hass

Gandhis Konzept der Gewaltfreiheit geht nicht von der unmittelbaren und absoluten Umsetzung dieses Konzeptes aus, sondern zielt wie bei seinem Suchen nach der Wahrheit auf ein – wo immer mögliches – Mehr an Gewaltfreiheit. Dabei bestimmte die grundsätzlich mögliche Gewaltfreiheit seinen Blick auf die Welt. Er blieb aber pragmatisch genug, um zu verstehen, dass diese Zielrichtung von den jeweils vorhandenen Umständen abhängig ist. Auf den ersten Blick klingt das banal, tatsächlich handelt es sich aber dabei um einen neuen Zugang zur Frage der Gewalt. Vergleicht man Gandhis Position mit der vom deutschen Philosophen Walter Benjamin kritisierten Haltung zur Gewalt, wie sie naturrechtliche Positionen über lange Zeit vertreten haben, zeigt sich Folgendes: Laut Benjamin ist für diese Tradition die „Gewalt ein Naturprodukt, gleichsam ein Rohstoff, dessen Verwendung keiner Problematik unterliegt, es sei denn, daß man die Gewalt zu ungerechten Zwecken mißbrauche“[89]. Aus dieser Perspektive wurden beispielsweise die Todesstrafe oder auch der Terrorismus der Französischen Revolution legitimiert. Auch die üblichen Versionen der Theorie des gerechten Krieges sind meist von dieser Sicht der Gewalt geprägt. Gandhi ging hingegen von der grundsätzlichen Problematik der Gewalt aus, der er die Gewaltfreiheit als Ideal entgegensetzte: „Vielleicht werden wir niemals stark genug sein, Gewaltfreiheit in Gedanken, Worten und Taten vollkommen zu üben. Doch wir müssen Gewaltfreiheit als unser Ziel vor Augen behalten und uns immer darauf zubewegen.“[90] Die von Benjamin zu recht kritisierte Position sieht Gewalt als grundsätzlich gerechtfertigt an, und sie wird damit zur Regel, anstatt

Ausnahme zu bleiben. Gandhi plädierte für den umgekehrten Weg. Gewalt wurde von ihm grundsätzlich abgelehnt und kann nur in Ausnahmefällen aus Mangel an gewaltfreien Möglichkeiten akzeptiert werden. Der Sozialethiker Herwig Büchele spricht im Blick auf solche Fälle von einer „Not-Ethik“[91]. Anstatt zu fragen, wann Gewalt gerechtfertigt ist, sollten wir fragen, wann ein Verstoß gegen die Gewaltfreiheit verziehen werden kann.[92]

Gandhis andere Sicht der Gewalt ist von einer Spiritualität getragen, die das ganze Universum vom Gesetz der Liebe bestimmt sieht:

> Wäre Liebe nicht das Gesetz des Lebens, hätte sich das Leben nicht inmitten des Todes behaupten können. [...] Wenn es einen fundamentalen Unterschied zwischen Mensch und Natur gibt, dann ist es der, dass der Mensch dieses Gesetz mehr und mehr erkennt und dass er es in seinem Leben praktisch anwendet. All die Heiligen der Welt, in der Vergangenheit wie in der Gegenwart, waren ein jeder auf seine Art und im Rahmen seiner Fähigkeiten ein lebendiges Beispiel für dieses größte Gesetz unseres Seins.[93]

Gandhi verließ sich in seinem politischen Engagement ganz auf dieses Gesetz der Liebe. Dieses Sich-getragen-Wissen von der Liebe verstand Gandhi als Gnade Gottes. Seine Autobiographie ist auch die Beschreibung eines Lebensweges, der sich ganz von Gott geleitet wusste.[94] Als Gandhi die Aufstellung einer Friedensbrigade plante, formulierte er als erste Eigenschaft für ihre Mitglieder dieses gläubige Vertrauen auf die Gnade Gottes:

> Ein gewaltfreier Mensch kann nichts tun außer durch die Macht und die Gnade Gottes. Ohne sie hätte er nicht den

> Mut, ohne Zorn zu sterben, ohne Furcht und ohne Rachegefühle. Ein solcher Mut erwächst aus dem Glauben, dass Gott im Herzen aller wohnt und dass es in der Gegenwart Gottes keine Furcht geben darf. Das Wissen um die Allgegenwart Gottes bedeutet auch Respekt vor dem Leben derer, die man Gegner oder Rowdys nennt.[95]

NELSON MANDELA

Nelson Mandela wurde am 18. Juli 1918 in Mvezo in der südafrikanischen Provinz Transkei geboren und erhielt den Namen Rolihlahla, was so viel wie „Unruhestifter" bedeutete. Sein Vater war ein Oberhaupt in der Thembu-Monarchie, die zum Volk der Xhosa gehört. Während sein Vater Gadla Henry Mphakanyiswa Polygamist mit vier Frauen und Anhänger der traditionellen Religion der Xhosas war, war seine Mutter Fanny Nonqaphi Nosekeni Christin geworden. Mandela – der Nachname folgt dem seines Großvaters – wurde deshalb in der methodistischen Kirche getauft und besuchte auch die Missionsschule dieser Kirche, in der er am ersten Schultag seinen englischen Vornamen Nelson erhielt. Er blieb – ohne mit seiner Herkunft zu brechen – der methodistischen Kirche und dem Christentum zeitlebens verbunden.[96] Als er 1984 im Gefängnis von einem Besucher, der Quäker war, gefragt wurde, ob er Christ sei, antwortete er mit „auf jeden Fall", und der Wärter bestätigte, dass Mandela selten einen Gottesdienst verpasste.[97] Auch seine weitere Schulbildung erfolgte an Schulen der Methodisten. Diese Verbundenheit mit dem Christentum verhinderte aber nicht, dass er ähnlich wie Gandhi offen für die religiöse Vielfalt in seinem Land war. So las er beispielsweise im Gefängnis den Koran und Bücher über den

Islam.[98] Bei seiner am 80. Geburtstag erfolgten Hochzeit mit seiner dritten Ehefrau Graça Machel, der Witwe Samora Machels, traute sie der Methodistenbischof Mvume Dandala, assistiert vom inzwischen pensionierten anglikanischen Bischof Desmond Tutu. Zuvor waren sie aber schon vom Oberrabbiner Cyril Harris, vom muslimischen Scheich Nazim Mohammed und von der Hinduistin Nyonya Namahchene gesegnet worden.[99]

Ab 1939 studiert er am University College von Fort Hare in Alice, wo er seinen langjährigen politischen Gefährten Oliver Tambo kennenlernt. Als er 1941 zwangsverheiratet werden soll, flüchtet er nach Johannesburg und beginnt eine Ausbildung in einer jüdischen Anwaltskanzlei, die ihn im Unterschied zum sonst vorherrschenden Rassismus problemlos aufnahm. 1944 tritt er in den ANC ein und gründet gemeinsam mit Walter Sisulu und Oliver Tambo die ANC Youth League, deren Präsident er 1951 wird. Im Jahre 1944 heiratet er seine erste Frau Evelyn Mase und beginnt sein Jusstudium an der University of the Witwatersrand, wo er sich bald mit dem indischstämmigen Anti-Apartheid-Kämpfer und Kommunisten Ismael Meer befreundet. Seine erste Ehe endet 1958 mit der Scheidung. Ab 1950 war er Generalsekretär des ANC. In den 1950er Jahren überwand er allmählich seine Abneigung gegen den Kommunismus, den er lange als eine ausländische Ideologie ablehnte. Die dadurch möglich gewordene Kooperation mit der zwar mehrheitlich schwarzen, aber insgesamt gemischten Kommunistischen Partei und ihrer überproportional weißen Führungsebene führte fortan auch zu einer Zusammenarbeit mit Weißen.

Diese Haltung drückt sich dann auch in der Freiheitscharta aus, die 1955 vom südafrikanischen Volkskongress, dem auch der ANC angehörte, beschlossen wurde. Die Charta beginnt mit folgenden Worten:

> Wir, die Menschen von Südafrika, erklären für unser ganzes Land und die Welt: … Daß Südafrika allen gehört, die dort leben, Schwarze wie Weiße, und daß keine Regierung rechtmäßig Autorität beanspruchen kann, solange sie nicht auf dem Willen des Volkes beruht.[100]

Diese Charta war ein wesentlicher Grund dafür, dass der ANC später keinen Terror gegen weiße Zivilisten ausübte.[101] Im Unterschied dazu spaltete sich 1959 der Pan Africanist Congress (PAC) vom ANC ab, weil dieser für einen afrikanischen Nationalismus eintrat und den Multi-Rassismus des ANC ablehnte. Der nicht-rassistische Internationalismus des ANC erleichterte es der internationalen Gemeinschaft später, den Kampf gegen die Apartheid durch Sanktionen zu unterstützen.

Das Jahr 1960 wird zu einem entscheidenden Wendepunkt in der Geschichte des ANC. Seit seiner Gründung vertrat der ANC eine Politik des gewaltfreien Widerstands. Der langjährige ANC-Präsident Albert Luthuli erhielt für sein von Gandhi inspiriertes Eintreten für die Gewaltfreiheit 1960 den Friedensnobelpreis. Am 21. März dieses Jahres kam es anlässlich einer gewaltfreien Demonstration in Sharpeville zu einem Massaker, bei dem 69 Schwarze meist von hinten erschossen und 180 verletzt wurden. Nachdem die Regierung daraufhin den ANC und damit auch den gewaltfreien Widerstand verboten hatte, entschied sich der ANC auf Betreiben Mandelas zur Abkehr von der Gewaltfreiheit. 1961 wurde ein eigener militärischer Arm des ANC mit dem Namen *Umkhonto We Sizwe* („Der Speer der Nation"), abgekürzt MK, unter Führung Mandelas gegründet, der den politischen Kampf mittels gewaltsamer Sabotageakte fortsetzte. Mandela, der inzwischen in zweiter Ehe mit Winnie Madikizela-Mandela verheiratet war, ging bald in den Untergrund

und wurde schließlich 1962 verhaftet, womit seine insgesamt 27 Gefängnisjahre in verschiedenen Gefängnissen begannen. Im Rivonia-Prozess, der von Oktober 1963 bis Juni 1964 dauerte, wird Mandela zu lebenslanger Haft verurteilt. Er verbrachte die meiste Zeit davon auf Robben Island. Am 11. Februar 1990 wurde er auf Betreiben des damaligen südafrikanischen Staatspräsidenten Frederik de Klerk aus der Haft entlassen. Gemeinsam bereiteten sie ab Dezember 1991 im Rahmen der Convention for a Democratic South Africa (CODESA) den Übergang von der Apartheid zu einem demokratischen Südafrika vor. De Klerk und Mandela wurden 1993 mit dem Friedensnobelpreis ausgezeichnet. 1994 fanden dann die ersten freien Wahlen in Südafrika statt. Der ANC gewann die Wahlen und Mandela war von 1994 bis 1999 erster schwarzer Staatspräsident Südafrikas. Nach seinem Rückzug aus der Politik starb Mandela am 5. Dezember 2013.

Ähnlich wie Gandhi repräsentiert auch Mandela den Blick des globalen Südens im Kampf gegen die Folgen des Kolonialismus. Und obwohl sein erstes Ziel die Abschaffung der Apartheid war, unterstützte auch er wie Gandhi Bestrebungen zur Förderung des Weltfriedens. Noch aus dem Gefängnis schrieb er 1986 in einem Brief, dass es „ein Quell echter Hoffnung für uns“ ist, „dass es heute weltweit operierende Organisationen gibt, Regierungen, Staatsmänner, Interessengruppen und einzelne Menschen, die sich ernsthaft und voller Mut für den Weltfrieden einsetzen“[102]. Schließlich trat auch er 1998 in einer Rede vor der UN-Vollversammlung für die Abschaffung der Atomwaffen ein.[103] Länder des globalen Südens forderte er schon früher in diesem Jahr auf, atomwaffenfreie Zonen zu bilden.[104]

MANDELAS RINGEN UM EINEN WEG ZWISCHEN GEWALTFREIHEIT UND GEWALT

Der ANC verpflichtete sich seit seiner Gründung und unter indirektem Einfluss von Gandhi zum gewaltfreien Widerstand. In Mandelas Hommage an Gandhi, die er 1999 für das Time Magazine schrieb, betont er die große Wirkung Gandhis für den gewaltfreien Widerstand in Afrika:

> Sowohl Gandhi als auch ich litten unter der kolonialen Unterdrückung und wir beide mobilisierten unsere jeweilige Bevölkerung gegen Regierungen, die unsere Freiheit verletzten. Der gandhianische Einfluss dominierte die Freiheitskämpfe auf dem afrikanischen Kontinent bis in die Sechzigerjahre – aufgrund der von ihm hervorgerufenen Macht und aufgrund der Einheit, die er unter den Machtlosen schmiedete. Gewaltfreiheit war der offizielle Standpunkt aller bedeutenden organisatorischen Zusammenschlüsse Afrikas und der südafrikanische ANC stand der Anwendung von Gewalt in der längsten Zeit seiner Existenz unerbittlich feindlich gegenüber.[105]

Die Ausrichtung an Gandhis Gewaltfreiheit galt vor allem für Albert Luthuli, der von 1952 bis 1967 Präsident des ANC war. Wie für Gandhi gilt aber auch für Luthuli, dass er zwar das Prinzip der Gewaltfreiheit hochhielt, diese aber nicht als Pazifismus verstand: „Falls mich jemand für einen Pazifisten hält, so mag er nur versuchen, mir meine Hühner wegzunehmen, und er wird dann schon sehen, wie sehr er sich irrt!“[106] Als Anführer der Jugendorganisation des ANC befürwortete Mandela den zu dieser Zeit stattfindenden gewaltfreien Kampf der Inder:innen Südafrikas, der die „militante Massenaktion“ umfasste, von der „Bereitschaft, Leiden und Opfer auf sich zu nehmen“, geprägt war und seine Wurzeln im Widerstandskampf von 1913 hatte, „als der damalige Mahatma Gandhi eine tumultuöse Prozession von Indern illegal von Natal nach Transvaal führte“[107]. Während aber Luthuli und Gandhi eine grundsätzliche Verpflichtung zur Gewaltfreiheit vertraten, war Mandelas Zugang ein pragmatischer:

> Ich betrachtete Gewaltfreiheit nach dem Gandhischen Modell nicht als unantastbares Prinzip, sondern als Taktik, die je nach Situation anzuwenden sei. Das Prinzip war nicht so wichtig, daß man der Strategie selbst dann folgen sollte, wenn sie selbstzerstörerisch sein würde, wie Gandhi glaubte. Ich wollte gewaltfreien Protest nur, solange er effektiv war.[108]

In späteren Interviews bemerkte er auch, dass er größere Sympathien für Jawaharlal Nehru, den ersten indischen Ministerpräsidenten, als für Gandhi hegte. Er hatte zwar auf Empfehlung seines Freundes Ismael Meer Gandhis Werke *Ahimsa* und *Satyagraha in South Africa* gelesen[109], aber sein eigentlicher indischer Held war Nehru, weil er nicht wie dieser lieber „Demütigungen“ erlitt „als zurückzuschlagen“[110].

Langsam veränderte sich allerdings die Lage in Afrika, denn der immer brutaler geführte Algerienkrieg (1954–1962), das Sharpeville Massaker von 1960 sowie die Ermordung Patrice Lumumbas, des ersten Premierministers des unabhängigen Kongo im Jänner 1961, drängten Gandhis Konzept der Gewaltfreiheit in den Hintergrund.[111] Die Philosophie der Gewalt des französischen Philosophen Frantz Fanon gewann die Oberhand, die zur Gegengewalt gegen die Kolonialherren aufrief, weil „der Kolonialist nur die Gewalt verstehe“[112]. Das Volk lernte von den Kolonialherren die

Gewalt und wendete sie in der Folge gegen seine Unterdrücker: „Terror, Gegen-Terror, Gewalt, Gegen-Gewalt“[113]. Auch Mandela wandte sich stärker in die von Fanon empfohlene Richtung, wie eine 1962 gehaltene Rede für die Panafrikanische Freiheitsbewegung in Ost- und Zentral-Afrika zeigt: „Gewalt ist die einzige Sprache, die die Imperialisten verstehen, und kein Land ist je frei geworden ohne irgendeine Art von Gewaltanwendung.“[114]

In seiner Hinwendung zur Gewalt blieb er aber innerlich gespalten. Als er 1961 für zwei Monate bei dem Kommunisten Wolfie Kodesh Unterschlupf fand, erfuhren sie, dass die Polizei mehrere Schwarze getötet hatte. Mandela reagierte spontan mit der Aussage, dass eines Tages deshalb Aug' um Aug' und Zahn um Zahn folgen würde.[115] Er spielte damit auf jenes Gesetz in der hebräischen Bibel (Ex 21,24) an, dass zwar Vergeltung ankündigt, aber bereits einen wichtigen Versuch darstellt, die Eskalation, die mit Gewalt so leicht einhergeht, einzudämmen. Doch Mandela bemerkte nur wenige Augenblicke später zu Kodesh, dass er persönlich zu dieser Form von Vergeltung gar nicht fähig wäre. Mandela gelang es nach Sharpeville, Luthuli davon zu überzeugen, dass es eine vom ANC unabhängige militärische Organisation geben soll: „Wenn die Reaktion der Regierung darin besteht, mit nackter Gewalt unseren gewaltfreien Kampf zu zermalmen, so werden wir unsere Taktik zu überdenken haben.“[116] Auch die Tatsache, dass andere Gruppen bereits mit Gewalt vorgingen, überzeugte ihn, dass diese nicht mehr aufzuhalten war und es vielmehr darum ging, sie politisch kontrollieren zu können. Im Juni 1961 folgte der ANC dem Rat Mandelas und gründete die militärische Organisation *Umkhonto we Sizwe* (MK). Er war sich dabei durchaus bewusst, dass mit dieser Entscheidung ein „neuer, gefährlicher Weg“ eingeschlagen wurde, ein Weg „organisierter Gewalt, deren Folgen wir nicht kannten und nicht kennen konnten“[117]. Die neue Organisation stand vor der Wahl, zwischen vier Typen der Gewalt zu wählen – Sabotage, Guerillakrieg, Terrorismus und offene Revolution –, und entschied sich für Erstere: „Da Sabotage nicht den Verlust von Menschenleben nach sich zog, war mit ihr die größte Hoffnung auf Aussöhnung der Rassen späterhin verbunden. Wir wollten keine Blutfehde zwischen Weiß und Schwarz auslösen.“[118] Mandela und seine Mitstreiter:innen waren aber auch überzeugt, dass, „sollte Sabotage nicht die gewünschten Resultate“ bringen, die Bereitschaft bestand, „zur nächsten Phase überzugehen: Guerillakrieg und Terrorismus“. Grundsätzlich ausgeschlossen blieb allerdings das Töten weißer Zivilisten, eine wichtige Grenze, die den ANC von dschihadistischen Terrorgruppen wie der Hamas unterscheidet, die das Töten jüdischer Zivilisten und Zivilistinnen in Israel bei ihrem Anschlag vom 7. Oktober 2023 gezielt vornahmen.[119]

Als Mandela in den Untergrund ging, um den MK aufzubauen, studierte er unter anderem auf Empfehlung von Wolfie Kodesh das Werk *Vom Kriege* des deutschen Militärdenkers Carl von Clausewitz, um dessen „Regeln des Krieges“ zu verstehen.[120] Mandela hoffte, mittels der politischen Eindämmung von Gewalt deren Eskalation verhindern zu können. Aus diesem Grund nennt ihn der Soziologe Jonathan Hyslop einen „instinktiven Clausewitzianer“, der eine größere Nähe zur Theorie des Preußischen Generals als zu Gandhi auf der einen oder zu Fanon auf der anderen Seite hatte.[121] Mandela aber allein von Clausewitz her zu verstehen, würde zu kurz greifen, weil diese Kriegstheorie von zwei Thesen geprägt ist, die zueinander in Spannung stehen und sich nicht auf einen Nenner bringen lassen. Die eine These, für die sich Mandela besonders interessierte, weil er in ihr die Möglichkeit zur Begrenzung von Gewalt sah, beschreibt den Krieg als Fortsetzung der Politik mit anderen Mitteln.[122] Dieser These steht aber Clausewitz' idealtypische Beschreibung des Krieges gegenüber, wonach dieser als Zweikampf zu verstehen sei, in dem jede Seite der anderen ihren Willen aufzuzwingen versucht: „Der Krieg ist ein Akt der Gewalt, und es gibt in der Anwendung derselben keine Grenzen; so gibt jeder dem anderen das Gesetz, es entsteht eine Wechselwirkung, die dem Begriff nach zum äußersten führen muß."[123] In dieser These erkennt Girard, der Clausewitz aus der Sicht seiner mimetischen Anthropologie liest, eine mit dem Krieg einhergehende Eskalationsdynamik, die fast unausweichlich zu einer „Steigerung bis zum Äußersten"[124] führt. Ein Blick in die Geschichte kriegerischer Auseinandersetzungen zeigt, wie schnell Gewaltkonflikte der politischen Kontrolle entgleiten und in eine Spirale der Gewalt führen können. Clausewitz war sich dieser Problematik durchaus bewusst, denn an einer Stelle seines Werkes weist er darauf hin, dass die Politik auch die Volksmassen mit ins Kalkül ziehen muss, die den politischen Zweck stärken oder schwächen: „Es können in zwei Völkern und Staaten sich solche Spannungen, eine solche Summe feindseliger Elemente finden, daß ein an sich sehr geringes politisches Motiv des Krieges eine weit über seine Natur hinausgehende Wirkung, eine wahre Explosion hervorbringen kann."[125] Genau eine solche apokalyptische Eskalation aber wollte Mandela unbedingt vermeiden. In einer Rede vor dem Parlament der Republik Irland im Juli 1990 betonte er, dass jede Vergeltung nur dazu führt, dass man selbst von der Gewalt der Unterdrücker:innen infiziert wird:

> Wir hätten uns Rache auf die Fahnen schreiben können und Brutalität mit Brutalität vergelten. Doch wir haben begriffen, dass Unterdrückung den Unterdrücker ebenso entmenschlicht wie den Unterdrückten. Wir haben ver-

> standen, dass es uns zu Wilden machen würde, würden wir der Barbarei der Tyrannen nacheifern.[126]

Der südafrikanische Essayist Imraan Coovadia versteht Mandela besser als Hyslop, wenn er betont, wie sehr dieser jede Gewalteskalation zu vermeiden versuchte und darin mit Gandhi übereinstimmte. Außerdem weist Coovadia auch auf Mandelas Gefängnislektüre des Romans *Krieg und Frieden* von Leo Tolstoi hin, worin er sich vor allem für den Oberkommandierenden Kutusow interessierte, der im Unterschied zu Clausewitz nicht die Konfrontation suchte, sondern – ähnlich wie der Zulu-König Shaka – durch Hinauszögern und Passivität dieser auszuweichen versuchte.[127] Nach Coovadia kämpften Tolstoi, Gandhi und Mandela für eine gerechtere Gesellschaft, ohne dabei die Eskalation der Gewalt anzutreiben.[128] Mandelas spätere Einsetzung der Wahrheits- und Versöhnungskommission steht in dieser Linie der Vermeidung der Gewaltspirale.

EINE GEISTIGE NÄHE ZWISCHEN GANDHI UND MANDELA

Obwohl Gandhi und Mandela auf den ersten Blick sehr unterschiedliche Zugänge zur Gewaltfreiheit hatten, lässt sich auf einer tieferen Ebene dennoch eine Nähe erkennen. Neben der Vermeidung der Gewalteskalation war beiden bewusst, dass es keine trennscharfe Unterscheidung zwischen Gewalt und Gewaltfreiheit gibt. In seiner Gandhi-Hommage von 1999 verweist Mandela auf dessen Bevorzugung der Gewalt vor der Feigheit, um zusammenfassend zu bemerken: „Gewalt und Gewaltfreiheit sind nicht gegenseitig ausschließend; es ist vielmehr die

Vorherrschaft der einen oder anderen Kampfform, die einen Kampf prägt.“[129]

Mandela unterscheidet sich von Gandhi auch hinsichtlich einer expliziten Spiritualität der Gewaltfreiheit. Er spricht nur von einem Instrument des Kampfes, das bei passenden Umständen eingesetzt werden soll. Doch auf einer tieferen Ebene ist auch Mandela von einem Menschenbild geprägt, das Gandhi nahekommt. Gandhis Konzept der *satyagraha* wurzelt in seiner Einsicht, dass das Universum vom Gesetz der Liebe bestimmt ist. Obwohl sich eine solche religiöse These bei Mandela nicht direkt findet, war sein immer wieder betonter Glaube an das Gute im Menschen „im Wesen religiös“[130]. Ein besonders drastisches Beispiel für diesen Glauben ergab sich beim Abschied von Oberst Piet Badenhorst, den Mandela als den brutalsten Gefängnisleiter von Robben Island erlebt hatte. Als Badenhorst von seinem Posten abberufen wurde, sagte er zu Mandela, der Sprecher der Mithäftlinge war, zu dessen Verblüffung, dass er „Ihnen allen viel Glück wünschen“ möchte:

> Über diesen Augenblick habe ich noch lange nachgedacht. Badenhorst war vielleicht der härteste und brutalste Kommandant, den wir auf Robben Island hatten. Und doch zeigte er an jenem Tag in seinem Büro, daß es in ihm auch eine andere Seite gab, eine Seite, die verborgen gewesen war, die aber noch existierte. Es war eine nützliche Erinnerung daran, daß alle Menschen, und seien sie auch scheinbar noch so kaltschnäuzig, einen anständigen Kern haben, und wenn ihr Herz angerührt wird, können sie sich ändern. Badenhorst war letztlich kein böser Mensch; die Unmenschlichkeit war ihm von einem unmenschlichen System aufgezwungen worden. Er benahm sich wie eine Bestie, weil er für bestialisches Verhalten belohnt wurde.[131]

Mit dieser Haltung gelang es Mandela, auch Freundschaften mit Wärtern in seinen Gefängnissen zu schließen. Ein Beispiel dafür ist Unteroffizier Jack Swart, der ihm in Mandelas letztem Gefängnis bei Paarl als persönlicher Koch diente und mit dem er darum stritt, selbst das Geschirr abwaschen zu dürfen.[132] Auch hier zeigt sich eine Parallele zu Gandhi, der berichtet, wie er im Gefängnis ein positives Verhältnis zu seinen Aufsehern aufbauen konnte:

> In allen Gefängnissen Südafrikas, die ich kennen lernte, zeigten sich die Beamten zuerst mir gegenüber sehr unfreundlich. Immer aber änderten sie zuletzt ihr Betragen, weil ich nie Gleiches mit Gleichem vergalt. Ich beantwortete ihre Unfreundlichkeit mit Zuvorkommenheit, was nicht heißen will, daß ich nicht gegen Ungerechtigkeiten ankämpfte.[133]

In Mandelas Autobiographie und in seinen Reden finden sich immer wieder Hinweise für seinen Glauben an das Gute im Menschen. Genau diese Haltung bildete dann auch einen Schlüssel zum Neubeginn in Südafrika nach dem Ende der Apartheid, wie er 2004 bei einer Rede in Kapstadt zum zehnjährigen Bestehen der Demokratie bemerkte: „Den Feinden von einst gelang es, einen friedvollen Übergang von der Apartheid zur Demokratie zu finden, weil wir alle bereit waren, im anderen das Gute zu sehen."[134]

Trotz Mandelas Abgehen von der Gewaltfreiheit zu Beginn der 1960er Jahre blieb er dennoch mit Gandhis Betonung des Vorrangs der Gewaltfreiheit verbunden, wie das Kenner:innen beider Friedenskämpfer betonen.[135] An die Worte, die J. N. Singh, einer der Gandhianer im ANC, aussprach, als sie die Abkehr von der Gewaltfreiheit diskutierten – „Nicht die Gewaltfreiheit hat uns gegenüber versagt, wir haben der Gewaltfreiheit gegenüber versagt“ –, erinnerte Mandela sich noch Jahrzehnte später.[136] Er war definitiv kein Bewunderer der Gewalt und war zutiefst entsetzt, als andere Widerstandsgruppen auf brutalste Weise gegen Weiße und Kollaborateure vorgingen. Fatima Meer, eine Freundin und seine erste Biographin, beschreibt sein Entsetzen über diese Gewaltexzesse und betont seine grundsätzliche Ausrichtung am Frieden:

> Ihm stand der Sinn nach Gesprächen mit dem Ziel der Übereinkunft, um die Freundschaft wiederherzustellen und Vertrauen zu gewinnen. Das war es, was er am besten konnte. Im Grunde war er ein Mann des Friedens, doch er wurde in den Kriegszustand hineingetrieben. Er würde im Kriege genauso gut sein, wie er es im Frieden gewesen war, denn nach seiner Überzeugung würde dieser Krieg zum Frieden führen.[137]

Gegen Mitte der 1970er Jahre – während seines langen Gefängnisaufenthaltes – zweifelte er sogar an der Entscheidung, eine militärische Organisation gegründet zu haben. Selbstkritisch hielt er folgende Einsicht fest: „Wir hatten genau diesen Fehler gemacht, die politischen Organisationen ihrer begeisterten und erfahrenen Männer beraubt und unsere Aufmerksamkeit auf die neue Organisation konzentriert.“[138] Tatsächlich waren weder die Sabotageakte noch die späteren Guerillaattacken sehr erfolgreich.[139] Es gelang auch nicht, eine Massenbewegung in der Bevölkerung zu aktivieren.

Als Mandela nach siebenundzwanzig Jahren Gefängnis 1990 freigelassen wurde, trat er für die Versöhnung und nicht für Vergeltung ein, wie er später in einer Rede in Kapstadt 2003 bemerkte:

> Man glaubte von uns, dass wir uns in den schlimmsten Rassenunruhen einfach gegenseitig zerfleischen würden. Stattdessen haben wir als Volk den Pfad der Versöhnung gewählt, des Kompromisses und der friedvollen Einigung. Statt für Hass und Rache haben wir uns für Versöhnung und den Aufbau der Nation entschieden.[140]

Mitten in der Arbeit am zukünftigen Südafrika wurde Chris Hani, der Generalsekretär der Kommunistischen Partei und ein ehemaliger Befehlshaber des MK, am 10. April 1993 im Auftrag einer rechtsgerichteten Partei ermordet. Es kam zu Aufständen und Plünderungen, die siebzig Menschenleben forderten.[141] Die akute Gefahr eines Bürgerkriegs stellte für Mandela eine schwere Bewährungsprobe dar. Er erwies sich als Mann des Friedens und konnte die drohende Gefahr abwenden. Mandela beschreibt sein Vorgehen in dieser Situation in seiner Autobiographie:

> Wir suchten eine Strategie für den Umgang mit unserer Wählerschaft im ANC zu entwickeln. Um Ausbrüche gewalttätiger Vergeltung zu verhindern, veranstalteten wir eine einwöchige Reihe von Massenversammlungen und Demonstrationen überall im Lande. Das sollte den Menschen dazu verhelfen, ihre Frustration zum Ausdruck zu bringen, ohne zur Gewalt zu greifen.[142]

Dieses Beispiel unterstreicht einmal mehr, wie sehr es ihm immer wieder darum ging, der Versuchung zur Gewalt zu widerstehen oder sie so weit wie möglich einzudämmen.

1996 setzte Mandela als Präsident die Wahrheits- und Versöhnungskommission ein, die die politisch motivierten Verbrechen während der Zeit der Apartheid aufarbeiten sollte. Den Vorsitz übernahm der Friedensnobelpreisträger und Bischof Desmond Tutu. Ziel dieser Kommission war es, einerseits das geschehene Unrecht ans Licht der Öffentlichkeit zu bringen, ohne notwendigerweise gleichzeitig Vergeltung einzufordern. An die Stelle der Vergeltung sollte Vergebung treten. In der Parlamentsdebatte über den Bericht der Kommission im Jahre 1999 fasst Mandela das Grundanliegen so zusammen:

> Wir erinnern uns unserer schrecklichen Vergangenheit, damit wir lernen, mit ihr umzugehen. Damit wir ohne zu vergessen vergeben können, wo Vergebung nötig ist. Um sicherzustellen, dass uns nie wieder eine so himmelschreiende Unmenschlichkeit entzweien möge. Und um dafür zu sorgen, dass unsere Demokratie nicht von einem finsteren Erbe, das ständig im Dunkeln lauert, bedroht wird.[143]

Mit dieser Kommission wurde der ganzen Welt ein Modell gegeben, wie zukünftig Unrecht angesprochen werden soll, ohne durch Vergeltung zur Eskalation der Gewalt beizutragen. Auch wenn die praktische Umsetzung mangelhaft blieb, muss dieser Weg unbedingt fortgesetzt werden. Auch Gandhi betonte, dass die Rache zwar höher stehe als die „hilflose Unterwerfung“ und dass die Gewaltfreiheit „eine bewusste, vorsätzliche Beschränkung des Begehrens nach Rache“ ist, aber dass die „Vergebung noch höher steht“[144]. Vergebung prägt die Traditionen Afrikas und fand in Mandela außerdem einen ihrer würdigsten Vertreter. Seine dritte Frau Graça Machel unterstrich in einem Interview, wie entscheidend er dadurch einen relativ friedlichen Neubeginn in Südafrika bewirken konnte: „Er symbolisiert eine sehr viel weiter gespannte Vergebung sowie Verständnis und Entgegenkommen. Wenn er aus dem Gefängnis gekommen wäre und eine andere Botschaft verkündet hätte, dann, meine ich, hätte dieses Land in Flammen aufgehen können.“[145]

FOLGERUNGEN FÜR DIE KIRCHEN UND UNSERE GESELLSCHAFT HEUTE

Wenn wir aus Leben und Werk von Gandhi und Mandela Lehren für unsere Welt von heute ziehen, so können wir zuerst auf ihren entschiedenen Widerstand gegen Unterdrückung und Ungerechtigkeit hinweisen. Gleichgültigkeit und moralische Neutralität gegenüber dem Bösen lehnten sie ab. Als Beispiel kann ein Brief Mandelas dienen, den er 1961 am Freiheitstag aus dem Untergrund an südafrikanische Zeitungen schickte, um die Menschen zum Kampf gegen die Apartheid aufzurufen:

> Werdet ihr schweigen und euch neutral verhalten in einer Angelegenheit auf Leben und Tod für meine Leute, für eure Leute? Ich für meinen Teil habe meine Entscheidung getroffen. Weder werde ich Südafrika verlassen noch werde ich kapitulieren. Nur durch Leiden, Opfer und militante Tat kann Freiheit erreicht werden. Der Kampf ist mein Leben. Ich werde bis zum Ende meiner Tage für die Freiheit kämpfen.[146]

Gandhi trat aus ähnlichen Gründen für ein aktives Verständnis der Gewaltfreiheit ein und veränderte langfristig dadurch sogar das Selbstverständnis vieler Christen und Christinnen in dieser Hinsicht. Zwar war er selbst durch christliche Denker wie Tolstoi geprägt, aber sein Konzept der *satyagraha* führt umgekehrt zu einem besseren Verständnis der Botschaft Jesu: Lange Zeit wurde die Bergpredigt als Absage an jeden Widerstand gegen das Böse verstanden und damit für das soziale und politische Zusammenleben für unbrauchbar erklärt. Gandhi erkannte hingegen in Jesus einen gewaltfreien Kämpfer gegen das Unrecht, an dem keine Passivität zu erkennen sei: „Jesus Christus ist als Fürst der passiven Widerständler gepriesen worden; doch ich behaupte, mit passivem Widerstand ist in diesem Fall Satyagraha und nur Satyagraha gemeint."[147] Von daher überrascht es auch nicht, dass Gandhi Jesus einen „ganz hervorragenden Politiker"[148] nannte. Dabei betonte er auch die kämpferische Seite von Jesus: „Christus hat die Wechsler und Händler mit Geißelhieben aus dem Tempel verjagt und Gottes Fluch gegen die Heuchler und Pharisäer geschleudert."[149]

Gandhis Betonung des kämpferischen Jesus beeinflusste beispielsweise den amerikanischen Bürgerrechtsaktivisten Martin Luther King, dessen Kampf gegen Rassendiskriminierung und für soziale Gerechtigkeit sowohl von der Bibel als auch von Gandhi inspiriert war:

> Gandhi war wahrscheinlich der erste Mensch in der Geschichte, der Jesu Ethik von der Liebe über eine bloße Wechselwirkung zwischen einzelnen Menschen hinaus zu einer wirksamen sozialen Macht in großem Maßstab erhob. [...] Mein Studium Gandhis überzeugte mich davon, daß wahrer Pazifismus nicht einfach Widerstandslosigkeit gegenüber dem Bösen ist, sondern gewaltfreier Widerstand gegen das Böse. Zwischen den beiden Standpunkten besteht ein himmelweiter Unterschied. Gandhi widersetzte sich dem Bösen mit ebensoviel Kraft und Stärke wie der, der gewalttätig Widerstand leistete. Aber er widersetzte sich mit Liebe statt mit Haß.[150]

Als Mandela von zwei amerikanischen Journalisten einmal im Gefängnis besucht wurde und sie ihn fragten, warum er nicht wie

King auf Gewalt verzichte, verwies er auf die politisch unterschiedliche Situation in den USA und in Südafrika, um schließlich eine Sicht von Jesus zu präsentieren, die der von Gandhi nahekommt:

> Ich sagte ihnen, ich sei Christ und immer Christ gewesen. Selbst Christus, sagte ich, habe, als er keine andere Alternative hatte, Gewalt gebraucht, um die Geldwechsler aus dem Tempel zu vertreiben. Er sei kein Mann der Gewalt, habe aber keine andere Wahl gehabt, als gegen das Böse Gewalt anzuwenden.[151]

Der protestantische Exeget Walter Wink gehört zu den wichtigen Rezipienten von Gandhis Lehre und konnte in einem Buch, das zuerst während der Zeit der Apartheid in Südafrika erschien, zeigen, dass Jesus einen dritten Weg zwischen Passivität und Gewalt weist: „Mit Jesus eröffnet sich ein Weg und eine Möglichkeit, wie dem Bösen widerstanden werden kann, ohne es einfach nur selbst widerzuspiegeln."[152] Wink gelingt es auch, Jesu Aufforderung, die andere Wange hinzuhalten (Mt 5,39), im Licht der aktiven Gewaltfreiheit auf plausiblere Weise zu erklären.[153] Jesus spricht nämlich von einem Schlag auf die rechte Wange, der in einer rechtshändigen Kultur nur mittels des Handrückens ausgeführt werden kann. Es geht also nicht um einen gewöhnlichen Schlag, den man einfach hinzunehmen hätte, sondern um eine beleidigende Geste einer höher gestellten Person gegen einen Untergebenen: „Sklavenhalter schlugen mit der Rückhand ihre Sklaven, Ehemänner ihre Frauen, Eltern ihre Kinder, Römer Juden."[154] Die Worte Jesu bedeuten also nicht, Schläge willig hinzunehmen, sondern fordern Täter:innen auf, die gleiche Augenhöhe einzunehmen und nicht herablassend und entwürdigend zu handeln. Jesus selbst gab dafür ein Beispiel, als er den Diener des Hohenpriesters zur Rede stellte, warum dieser ihn grundlos schlagen würde (Joh 18,23). Konsequent übersetzt Wink daher den Bibelvers Mt 5,39 auch nicht als Widerstandslosigkeit gegenüber dem Bösen, sondern mit „Verhaltet euch nicht gewaltsam gegenüber dem, der böse ist“[155].

Heute findet sich diese Betonung der aktiven Gewaltfreiheit auch im Zentrum der päpstlichen Friedensethik. In seiner Botschaft zum Weltfriedenstag am 1. Jänner 2017 „Gewaltfreiheit: Stil einer Politik für den Frieden“ betont Papst Franziskus, dass die Gewaltfreiheit nicht „im Sinn von Kapitulation, Mangel an Engagement und Passivität verstanden“[156] werden darf. Er sieht in ihr vielmehr ein probates Mittel für das Zusammenleben im privaten als auch im politischen Bereich und ruft dazu auf, dass sie „von der Ebene des lokalen Alltags bis zur Ebene der Weltordnung der kennzeichnende Stil unserer Entscheidungen, unserer Beziehungen, unseres Handelns und der Politik in allen ihren Formen sein“[157] möge. Ausdrücklich verweist er in dieser Botschaft auch auf Gandhi und weitere Vorbilder der Gewaltfreiheit.

Weil die Gewaltfreiheit nicht mit einem moralischen Relativismus identifiziert werden darf, muss – wie Gandhi unmissverständlich festhielt – auch der gewaltfrei Handelnde zwischen Angreifer und Verteidiger unterscheiden. Diese Einsicht trifft heute sowohl auf Putins Angriffskrieg gegen die Ukraine als auch auf den brutalen Terroranschlag der Hamas gegen Israel zu. Beide Angriffskriege sind klar zu verurteilen und die Ukraine als auch Israel haben ein legitimes Recht zur Selbstverteidigung. Aus der Sicht der Gewaltfreiheit müssen aber sowohl die Mittel als auch die Art und Weise der Verteidigung so gewählt werden, dass eine Eskalation der Gewalt möglichst vermieden wird. Gandhi warnte ausdrücklich vor der Gefahr, sich über die Zeit dem Angreifer so anzugleichen, dass der moralische Unterschied dabei verloren geht. Der Vorrang der Gewaltfreiheit bedeutet, immer dann gewaltfreie Mittel zu wählen, wo die Möglichkeit dazu gegeben ist.

Zu Gandhis Verständnis von Gewaltfreiheit gehört auch die Bereitschaft, das eigene Leben zu riskieren, um nicht töten zu müssen. Diese Form des Opfers darf nicht aktiv gesucht, aber auch nicht grundsätzlich ausgeschlossen werden. „Gewaltfreiheit bedeutet in ihrem dynamischen Zustand bewusstes Leiden."[158] Aus diesem Grund nennt er die Überwindung der Todesfurcht als eine der wichtigsten Voraussetzungen für gewaltfreie Friedenskämpfer:innen: „Es ist unmöglich, einen Menschen, der den Tod fürchtet und keine Kraft zum Widerstand hat, Gewaltfreiheit zu lehren."[159] Im ersten Kapitel kritisierte ich Lennons naive Sicht, dass es nichts geben sollte, wofür man tötet oder stirbt. Gandhi hingegen weiß, dass es nicht immer möglich ist, beidem zugleich auszuweichen. Das Credo der Satyagrahis besteht daher in der Bereitschaft, „zu sterben und nicht zu töten"[160]. Obwohl Mandela Gandhis prinzipielle Gewaltfreiheit nicht teilt, weiß auch er, dass der Widerstand gegen Unrecht das eigene Leben kosten kann. Als er im Rivonia-Prozess unter Anklage stand und mit der Todesstrafe rechnen musste, schloss er in seiner Verteidigungsrede – gegen den Rat seiner Anwälte – mit der Erklärung ab, dass er bereit sei, für seine Überzeugung zu sterben:

> Mein Leben lang habe ich mich diesem Kampf des afrikanischen Volkes gewidmet. Ich habe gegen weiße Vorherrschaft gekämpft, und ich habe gegen schwarze Vorherrschaft gekämpft. Ich habe das Ideal der Demokratie und der freien Gesellschaft hochgehalten, in der alle Menschen in Harmonie und mit gleichen Möglichkeiten zusammenleben. Es ist ein Ideal, für das ich zu leben und das ich zu

> erreichen hoffe. Doch wenn es sein soll, so bin ich für dies Ideal auch zu sterben bereit.[161]

Mandela war bewusst, dass sein Kampf gegen die Apartheid auch Opfer von ihm verlangen wird. Diese Bereitschaft zur möglichen Hingabe ist auch der christlichen Friedensethik gut vertraut. Das stärkste Beispiel dafür ist der Kreuzestod Jesu. Die deutschen Bischöfe verwiesen in ihrem Friedenshirtenbrief von 2000 auf die Kreuzigung, um „diese harte Seite der Friedensbotschaft Jesu Christi nicht“[162] zu verschweigen. Sowohl bei Jesus als auch bei denen, die ihm nachfolgen, geht es „nicht um eine Kleinigkeit ohne Konsequenzen. Es geht um Leben und Tod“. Auch Papst Franziskus blendet das Kreuz in seiner Botschaft zum Weltfriedenstag 2017 nicht aus, das der Einsatz für die Gewaltfreiheit mit sich bringen kann.[163]

Mandelas wichtigster friedensethischer Beitrag für unsere Gegenwart war, dass er klar die Vergebung der Vergeltung vorzog. Damit vermied er, der Versuchung der monotheistischen Religionen nachzugeben, d. h. sich aufgrund der Parteinahme mit den Opfern zur Vergeltung berechtigt zu erachten. Der Vorrang der Vergebung schützt auch vor der so gefährlichen Eskalation von Gewalt. Die Vergebung wird heute auch in der kirchlichen Friedensethik betont. Als Beispiel verweise ich auf ein Kapitel in der 2020 veröffentlichten Enzyklika *Fratelli tutti* von Papst Franziskus.[164] Er wendet sich darin gegen ein falsches Vermeiden von Konflikten und verweist auf das harte Wort Jesu, dass er nicht den Frieden, sondern das Schwert bringen werde (Mt 10,34–36). Konflikte sollen zwar nicht bewusst gesucht, aber wo sie unvermeidlich sind, müssen sie ertragen werden, denn „wahre Versöhnung […] geht dem Konflikt nicht aus dem Weg, sondern wird *im* Konflikt erreicht“[165]. Als Grundprinzip betont der Papst, dass die Einheit über dem Konflikt steht, und sieht in diesem Licht auch das Gebot der Feindesliebe. Vergeltung, Rache und Hass sind auf alle Fälle zu vermeiden. Die Feindesliebe bedeutet aber nicht, Gewalttäter:innen ungehindert gewähren zu lassen:

> Wir sind gerufen, ausnahmslos alle zu lieben, aber einen Unterdrücker zu lieben bedeutet nicht, zuzulassen, dass er es weiter bleibt; es bedeutet auch nicht, ihn im Glauben zu belassen, dass sein Handeln hinnehmbar sei. Ihn in rechter Weise zu lieben bedeutet hingegen, auf verschiedene Weise zu versuchen, dass er davon ablässt zu unterdrücken; ihm jene Macht zu nehmen, die er nicht zu nutzen weiß und die ihn als Mensch entstellt.[166]

Auch hier zeigt sich, dass die christliche Liebe nicht zur passiven Ergebenheit gegenüber dem Bösen führen darf. Es braucht den Widerstand, der möglichst gewaltfrei der Gewalt ihren Nährboden entzieht.

Alle hier angesprochenen Lehren, die wir von Gandhi und Mandela übernehmen können, gehören zum Kern der heute in der ökumenischen Friedensethik betonten Lehre vom gerechten Frieden, der nach dem Zweiten Weltkrieg zunehmend an die Stelle des gerechten Krieges getreten ist. Die von Papst Franziskus in *Fratelli tutti* ausgesprochene Distanzierung von der Tradition des gerechten Krieges ist Teil dieser Entwicklung.[167] Diese Distanzierung vom gerechten Krieg bedeutet aber weder, dass Papst Franziskus sich vom Bemühen um eine Weltautorität – wie sie von Johannes XXIII. in *Pacem in terris* erstmals gefordert wurde – abwenden würde, noch steht sie für ein passives Hinnehmen von Unrecht und Gewalt. Eine Weltautorität müsste „zumindest die Schaffung von wirksameren Weltorganisationen vorsehen, die mit der Autorität ausgestattet sind, das weltweite Gemeinwohl, die Beseitigung von Hunger und Elend sowie die wirksame Verteidigung der Menschenrechte zu gewährleisten“[168]. Ausdrücklich unterstützt der Papst auch die Charta der Vereinten Nationen, die er als einen „verpflichtenden Maßstab für Gerechtigkeit und ein Werkzeug für den Frieden“[169] bezeichnet.

Das im ersten Kapitel angesprochene Konzept Friede durch Recht, das sowohl die Vereinten Nationen als auch die Europäische Gemeinschaft charakterisiert, ist nicht schon die Verwirklichung des Ideals der Gewaltfreiheit, weil der „Friede des Rechts“ – wie Hans Kelsen festhielt – „nur ein relativer, kein absoluter Friede“ ist: „Das Recht schließt Gewaltanwendung, das heißt physischen Zwang von Mensch zu Mensch, nicht aus.“[170] Der Friede durch Recht ist aber ein erster, vorläufiger Schritt zur Abschaffung des Krieges und muss deshalb auf internationaler Ebene verstärkt gefördert werden. Die Neutralität ist diesem Konzept gegenüber nachrangig und darf sich nicht gegen dessen Wirksamwerden stemmen, um nicht seine eigene moralische Berechtigung zu verlieren. Sie bleibt in ihrer traditionellen Form eine vorläufige Notkonzeption, solange kollektive Sicherheit nicht wirklich wirksam werden kann. Um zur Vorreiterin gewaltfreier Konfliktlösungswege in der internationalen Politik zu werden, müsste sich die Neutralität inhaltlich neu positionieren. Das könnte einerseits durch ein besonderes Engagement für das Verbot von Atomwaffen oder auch durch eine stärkere Hinwendung zu Konzepten der sozialen Verteidigung erfolgen.

Die vorrangige Option für die Gewaltfreiheit ist vor allem eine Aufgabe der Kirchen und Religionsgemeinschaften, weil sie aus ihrer Spiritualität heraus leichter eine Weltsicht vorleben können, die die Fähigkeit der Menschen zum Frieden nie aus dem Blick verliert. Dabei darf aber nicht aus einer falschen Naivität heraus übersehen werden, dass es in unserer Welt auch immer noch gewaltbewehrte Formen der Friedenssicherung braucht, wie wir sie beispielsweise in Form der Polizei im innerstaatlichen Bereich kennen. Gandhi hoffte, auch im internationalen Bereich Krieg durch Formen von Polizei abzulösen, wobei er vor allem für die Stärkung eines gewaltfreien Handelns derselben eintrat.[171]

Im Blick auf das Verhältnis von Kirchen bzw. Religionsgemeinschaften zu den politischen Ordnungskräften muss eine gewisse Aufgabenteilung beachtet werden, die auch schon von Gandhi und Mandela eingemahnt wurde. Während dem Staat oder internationalen politischen Institutionen die unmittelbare Verantwortung für Sicherheit und Ordnung zukommt und diese dadurch auch gezwungen sein können, zum Mittel der Gewalt zu greifen, sind die Kirchen und Religionsgemeinschaften aufgerufen, die langfristig notwendige Perspektive der Gewaltfreiheit überzeugend vorzuleben, um so der Politik Orientierung zu geben.

Diese Aufgabenteilung kann an die biblische Friedensethik anknüpfen, die nicht nur die Ankündigung des messianischen Friedensreiches oder die Botschaft der Bergpredigt kennt, sondern auch Formen eines gewaltbewehrten Friedens. In der hebräischen Bibel wird im Bund mit Noach nach der Sintflut (Gen 9,1–17) eine „Gewalteindämmung durch das Recht“[172] zur universalen Leitlinie.

Im Neuen Testament drücken sich Formen einer gewaltbewehrten Friedenserhaltung im Römerbrief von Paulus aus, der dem Staat die Aufgabe der Ordnungssicherung (Röm 13) zuspricht. Auch die seltsame Gestalt des „Aufhalters“ (griech. *katechon*) im Zweiten Brief an die Thessalonicher (2 Thess 2,6f) gehört auf die Seite der gewaltbewehrten Friedenssicherung. Diese Gestalt schützt die Welt vor dem durch das Böse ausgelöste Chaos, aber zögert dadurch auch die Wiederkunft Christi hinaus. Für den

– durch seine zeitweise Parteinahme für den Nationalsozialismus – äußerst umstrittenen deutschen Staatsrechtsgelehrten Carl Schmitt zeigte sich der Aufhalter als einzig mögliches Muster einer christlichen Geschichtsdeutung, indem er nach der jeweils herrschenden weltpolitischen Ordnungskraft fragte, die das Chaos der Gewalt zurückhielt.[173] Der protestantische Theologe und Ethiker Dietrich Bonhoeffer – ein Opfer des Nationalsozialismus – hat hingegen eine Interpretation dieser neutestamentlichen Figur vorgenommen, die für die komplexen friedensethischen Fragen von heute hilfreich ist. Bonhoeffer bietet sich hier auch deshalb besonders an, weil er 1934 einen Brief an Gandhi schrieb, um mit ihm in Indien „den Weg zu einem neuen christlichen Leben in kompromissloser Übereinstimmung mit der Bergpredigt“[174] zu finden. Gandhi reagierte auf die Anfrage positiv, aber die politische Weltlage verhinderte letztlich diese Begegnung.[175]

Weil der Aufhalter ja nicht nur das mit dem Bösen einhergehende Chaos zurückhält, sondern auch die Wiederkunft Christi hinausschiebt, betont Bonhoeffer zu Recht, dass der Aufhalter trotz seiner ethischen und politischen Bedeutung „nicht ohne Schuld“[176] sei. Dennoch bedient sich Gott des Aufhalters, „um die Welt vor dem Zerfall zu bewahren“. Mit Bonhoeffer lassen sich der Staat und politische Ordnungen als katechontische, also als gewalteindämmende Friedensbewahrer verstehen, die notfalls der Gewalt auch mittels Gewalt entgegentreten. Während Schmitt aber nur diese Form der Friedenssicherung kennt, hat Bonhoeffers Friedensethik einen viel weiteren Blick. Für ihn steht der Aufhalter nicht allein dem möglichen Untergang entgegen.[177] Denn noch vor den katechontischen Ordnungsmächten nennt er die Kirche, die durch das „Wunder einer neuen Glaubenserweckung“ vor dem Abgrund retten kann. Diese Unterscheidung von katechontischen Ordnungsmächten in der Welt und der zur Verkündigung der biblischen Botschaft aufgerufenen Kirche zielt nicht auf deren radikale Trennung, sondern auf eine neue Form des Zusammenwirkens – „in wohl gewahrter Unterscheidung und doch in aufrichtiger Bundesgenossenschaft". Die Kirche stößt nach Bonhoeffer die ihre Nähe suchenden Ordnungsmächte nicht von sich, sondern ruft sie „zum Hören, zur Umkehr" auf. Weil die heutigen Kirchen aus dem Zentrum der politischen Macht gerückt sind und nicht mehr selbst die Last des Aufhalters zu tragen haben, sind sie dazu aufgerufen, in ihrem Wirken Spuren des Reiches Gottes sichtbar zu machen, die der Welt zeigen, wie die Gewaltfreiheit immer mehr unser privates und politisches Leben bestimmen kann. Schon Papst Johannes Paul II. stand für eine Kirche, die friedensethisch in kritischer Distanz zu den ordnungspolitischen Kräften stand, als er 1991 den vom UN-Sicherheitsrat legitimierten Krieg gegen den Irak in seiner Enzyklika *Centesimus annus* mit den deutlichen Worten „Nie wieder Krieg!"[178] ablehnte.

Die Aufgabenteilung zwischen Kirche und Staat bzw. Staatenbündnissen dient auch als Schlüssel für ein besseres Verständnis der in *Fratelli tutti* formulierten Friedensethik. Im Vordergrund steht der zuerst an die eigenen Mitglieder gerichtete Aufruf, immer stärker die Gewaltfreiheit zum bestimmenden Stil des persönlichen und politischen Zusammenlebens zu machen. Mit dieser Betonung des Vorrangs der Gewaltfreiheit geht aber keine moralistische Verurteilung militärischer Verteidigung einher, wie das beispielsweise die Aussage des Kurienerzbischofs Paul Gallagher – des Außenministers des Vatikans – belegt, der Waffenlieferungen an die Ukraine im Mai 2022 als moralisch legitim erklärte. Papst Franziskus hat dies im September desselben Jahres bei der Rückkehr von seiner Reise nach Kasachstan noch einmal unterstrichen, auch wenn er zuerst die Frage nach Waffenlieferungen als eine politische Entscheidung bezeichnete und dann moralische Kriterien nannte, die einzuhalten seien.[179] Aufgabe und Kompetenz der Kirche ist es eben nicht, konkrete militärische und politische Vorschläge zur Beendigung dieses Krieges vorzulegen. Vorrangige Aufgabe bleibt es, die langfristige Bedeutung der Gewaltfreiheit einer Welt vor Augen zu halten, die immer wieder in Gefahr ist, nur die militärische Sichtweise im Blick zu haben. Die weltweiten jährlichen Militärausgaben stiegen im vergangenen Jahr 2022 bereits auf 2,24 Billionen US-Dollar an. Diese Zahl wird sich aber noch erhöhen, hat doch allein die deutsche Bundesregierung 2022 angekündigt, in den nächsten fünf Jahren zusätzlich hundert Milliarden Euro ausgeben zu wollen. Werden dadurch aber Frieden und Sicherheit gestärkt? Es mag sein, dass Deutschland militärische Defizite hat, die ausgeglichen werden müssen. Dennoch muss auch hier kritisch nachgefragt werden. Denn obwohl die NATO schon jetzt militärisch der Russischen Föderation deutlich überlegen ist, kann die NATO wegen der drohenden nuklearen Eskalation in diesem Krieg nicht ordnend eingreifen. In *Fratelli tutti* bringt der Papst zwei wichtige Vorschläge ein, die im Blick auf die gegenwärtige Weltlage zur Orientierung bedeutsam sind, auch wenn sie politisch keine schnelle und direkte Umsetzung finden werden. Er kritisiert den Waffenhandel, das Anhäufen von Waffen und Munition in Krisengebieten und schlägt vor, anstelle steigender Rüstungsausgaben einen „Weltfonds" einzurichten, um „dem Hunger ein für alle Mal ein Ende zu setzen und die Entwicklung der ärmsten Länder zu fördern"[180]. Angesichts der die ganze Welt bedrohenden Gefahr eines Atomkrieges erklärt Papst Franziskus – wie schon oben erwähnt – die vollkommene Abschaffung der Atomwaffen zur moralischen Pflicht. Diese beiden Aufrufe sind keine Blaupausen konkreter Friedenspolitik, sondern Rufe zur Umkehr gemäß Bonhoeffers Beschreibung der Aufgabe der Kirche gegenüber den aufhaltenden Kräften.

III. KAPITEL

DAS HANDWERK DES FRIEDENS AUSÜBEN

Tolstoi sagt einmal, wir brauchten nur unseren nächsten Nachbarn zu verzeihen, so würde die Welt ohne weitere Bemühung unsererseits in Ordnung kommen. Denn dadurch, dass wir aufhören, sie zu plagen, würden die Kreise der Einigung, die sich damit in der rechten Weise bildeten, immer weiter wachsen, bis sie zuletzt zusammenfielen mit dem Kreis der ganzen Welt. Mehr als das kann kein Mensch erreichen oder zu erreichen versuchen.[181]

MAHATMA GANDHI, MAI 1920

Für einen nachhaltigen Frieden braucht es neben unterstützenden politischen Strukturen und zivilgesellschaftlichen Akteuren wie den Kirchen und Religionsgemeinschaften, die sich aktiv für die Gewaltfreiheit einsetzen, auch das Friedensengagement vieler Frauen und Männer, die sich als Friedensstifter:innen um eine Kultur des Friedens kümmern und so der Politik Orientierung geben.

DER FRIEDE BEGINNT IM EIGENEN HAUS

Viele Friedenskämpfer:innen haben verstanden, dass der Friede in der Welt nicht erst mit den großen politischen Konzepten und Institutionen beginnt, sondern schon in den kleineren Einheiten. Nicht der mögliche Feind außerhalb ist zuerst für den fehlenden Frieden verantwortlich, sondern dieser muss zuerst im eigenen Haus gesucht werden. Als der deutsche Philosoph Karl Jaspers im Jahre 1958 den Friedenspreis des Deutschen Buchhandels erhielt, betonte er in seiner Dankesrede, dass der Friede im Inneren Vorrang vor dem äußeren Frieden hat: „Der Friede beginnt im eigenen Haus. Der Weltfriede beginnt mit dem inneren Frieden der Staaten.“[182] Mit diesen Worten warnte er vor der weitverbreiteten politischen Gefahr, Probleme im Inneren einer Gesellschaft dadurch zu überspielen, dass der äußere Feind künstlich hochgespielt wird. Gemäß dieser Strategie sollen die internen Konflikte durch einen gemeinsamen äußeren Feind unterdrückt werden. Dieser Weg fördert aber nicht den Frieden in der Welt, sondern erzeugt Spannungen und Konflikte, die leicht in neuen Kriegen münden. Der Vorrang des innerstaatlichen Friedens vor der Gestaltung der außenpolitischen Verhältnisse muss aber letztlich den Frieden jeder einzelnen Person miteinschließen. Am Ende seiner Rede führte Jaspers seine Überlegungen bis hin zur Verantwortung, die jede und jeder für den Frieden hat: „Die Frage des Friedens ist nicht zuerst eine Frage an die Welt, sondern für jeden an sich selbst.“[183] Der ehemalige österreichische Bundespräsident Rudolf Kirchschläger griff Jaspers' Gedanken in der Zeit der Friedensbewegung auf, wählte dessen Worte vom Frieden im eigenen Haus als Titel seines 1980 erschienenen Buches und unterstrich die Verantwortung jedes Einzelnen gerade angesichts der möglichen nuklearen Selbstauslöschung der Menschheit: „Die Wandlung des Menschen, jedes einzelnen, zu einem Träger des Friedens ist jene Wandlung, die für ein Überleben unerläßlich ist.“[184] In einem 1982 aus dem Gefängnis an seine Frau Olga geschriebenen Brief antwortete auch Václav Havel unter Bezugnahme auf den jüdischen Philosophen Emmanuel Levinas auf die Frage, wer anfangen soll, folgendermaßen: „Ich stimme Levinas zu, Verantwortung kann nicht gepredigt werden, sondern nur getragen, und man kann also nirgendwo anders anfangen als bei sich selbst. Es klingt zwar lächerlich, aber so ist es: ich muß anfangen.“[185]

Auch die katholische Friedensethik übersieht nicht, dass die Verantwortung für den Frieden bei jeder einzelnen Frau und bei jedem einzelnen Mann beginnt. Tugend- und Strukturenethik ergänzen sich gegenseitig und müssen immer zusammen beachtet werden. Die Friedensenzyklika *Pacem in terris* von 1963 schlug Modelle sowohl für die politische Ordnung auf internationaler Ebene als auch für den Frieden innerhalb der Staaten vor, übersah dabei aber nicht die Bedeutung des individuellen Einsatzes für den Frieden: „Es wird gewiß kein Friede in der menschlichen Gesellschaft herrschen, wenn er nicht zuerst im Herzen jedes einzelnen Wohnung nimmt, wenn nicht jeder in sich die gottgewollte Ordnung wahrt.“[186] Am 1. Jänner 2003 blickte Papst Johannes Paul II. anlässlich des Weltfriedenstags nach vierzig Jahren auf die Enzyklika *Pacem in terris* zurück, um deren bleibende Bedeutung herauszustellen. Dabei betont er vor allem den notwendigen persönlichen Beitrag zum Frieden, den er noch über die Friedensstrukturen stellt, um dazu aufzurufen, mittels Friedensgesten zu einer Kultur des Friedens beizutragen:

> Der Friede ist weniger eine Frage der *Strukturen*, als vielmehr der *Personen*. Friedensstrukturen und Friedensprozesse [...] sind sicher notwendig und glücklicherweise oft gegeben. Sie sind jedoch nur die Frucht der Weisheit und Erfahrung, die sich im Laufe der Geschichte mittels *unzähliger Friedensgesten* angesammelt hat. [...] *Friedensgesten* erwachsen aus dem Leben von Menschen, die *eine dauerhafte Haltung des Friedens in ihrem Herzen hegen*. Sie sind das Werk des Verstandes und des Herzens der „Friedensstifter" (Mt 5,9). *Friedensgesten* sind möglich, wenn die Menschen *die Gemeinschaftsdimension des Lebens voll zu schätzen wissen*, so dass sie die Bedeutung und die Folgen begreifen, die bestimmte Ereignisse auf ihre Gemeinschaft und auf die Welt insgesamt haben. *Friedensgesten erzeugen eine Tradition und eine Kultur des Friedens.*[187]

Das Kompendium der Soziallehre der Kirche knüpft an diese Einsichten an und zeigt, wie der von den einzelnen Menschen gelebte Frieden positiv bis hin auf die internationale Ebene wirken kann:

> Um Konflikten und Gewalt vorzubeugen, ist es unbedingt notwendig, dass man beginnt, den Frieden als tiefen Wert im Inneren einer jeden Person zu leben: Auf diese Weise kann er sich in den Familien und in den verschiedenen

> Formen der gesellschaftlichen Vereinigungen ausbreiten, bis er die gesamte politische Gemeinschaft erfasst. In einem allgegenwärtigen Klima der Eintracht und des Respekts vor der Gerechtigkeit kann eine echte Kultur des Friedens heranreifen, die in der Lage ist, auch auf die internationale Gemeinschaft überzugreifen.[188]

Die Einsicht in diesen Zusammenhang zwischen individueller Ebene und der Ebene der Weltordnung kennzeichnet auch die Friedensethik von Gandhi, der bildlich von „sich stets erweiternden, doch niemals aufsteigenden Kreisen" sprach, einem „ozeanweiten Kreis"– „dessen Mitte das Individuum bildet" –, der über den „Kreis von Dörfern"[189] schließlich die ganze Welt umfasst. Mit diesem Bild setzte er sich von der hierarchischen Vorstellung der Pyramide ab, in der „die Spitze von der Basis getragen" wird. Damit betont auch Gandhi, dass der Frieden bei einem selbst beginnen muss. Ein ihm oft zugeschriebenes Zitat, das diese Einsicht ausdrückt, auch wenn es nachweislich nicht von ihm stammt, lautet: „Sei du selbst die Veränderung, die du dir wünschst für diese Welt."[190] Es passt zu Gandhi, weil er wusste, dass die Gewaltfreiheit im eigenen Herzen beginnen muss.[191]
Als Gandhi 1940 von einem Sympathisanten gefragt wurde, welche Verpflichtungen es für zukünftige Mitglieder des Indian National Congress gebe, antwortete dieser mit dem englischen Sprichwort „Charity begins at home", um zu unterstreichen, dass man immer selbst beginnen müsse:

> Sie müssen sich nicht darum kümmern, was andere tun oder tun sollten. Nächstenliebe beginnt zu Hause. Lassen Sie Ihre bei sich selbst beginnen. Löschen Sie alle Unterscheidungen zwischen Kaste, Religion oder Rasse aus Ihrem

> Herzen. Seien Sie zu allen – Hindus, Moslems, Haridschans, Engländern usw. – so ehrlich, wie Sie es hoffentlich zu sich selbst sind, und Sie werden feststellen, dass, soweit es Sie betrifft, Ihre Schwierigkeiten gelöst werden und andere Ihrem Beispiel folgen werden. Seien Sie sicher, dass Sie allen Hass aus Ihrem Herzen verbannt haben und dass Sie kein politisches oder anderes Ziel verfolgen, wenn Sie Ihren Nächsten lieben und ihm dienen, als wäre er Ihr eigenes Ich.[192]

Solange Hass und Gewalt oder die zu ihnen verführenden Leidenschaften im Herzen vorherrschen, ist kein Frieden möglich. Gandhi erkannte, dass selbst der Schrecken der Atombombe daran nichts änderte, und befürchetete deshalb auch mit Recht, dass ein dritter Weltkrieg droht, solange die Gewalt in den Herzen der Menschen vorherrschend bleibt. Am Beginn des ersten Kapitels findet sich ein Zitat Gandhis, das diese Gefahr ausdrücklich anspricht.

Welche Gegenmittel kennt Gandhi? Als er 1946 von einem amerikanischen Journalisten gefragt wurde, wie der nächste Krieg verhindert werden könnte, betonte er, dass es auf jede einzelne Person ankomme, die alle – ohne auf andere zu warten – das ihnen mögliche Richtige tun sollen.[193] Dabei meinte er sogar, dass eines Tages ein Mensch fähig sein werde, sich selbst so vollkommen zurückzunehmen, dass er dadurch die größte Wirkung auf die Welt ausüben könnte. Aus christlicher Sicht ist das schon passiert, weil die Welt im radikalen Machtverzicht Christi, seiner *kenosis* – um das von Paulus gebrauchte griechische Wort, das Leerwerden oder Entäußerung bedeutet, zu verwenden –, schon Zeugin einer solche Selbstreduktion geworden ist (Phil 2,7). Tatsächlich hat sie auch Wirkung gezeigt und Wege zum Frieden geöffnet, ohne allerdings schon die Menschheit als solche davon überzeugt zu haben. Gandhis Weg zum Frieden kommt der christlichen *kenosis* sehr nahe. Ihm geht es um die dafür nötige Herzensbildung, die er als bewusst religiöse Aufgabe sieht, weil der „Sitz der Religion das Herz ist“[194]. Im Schlusskapitel seiner Autobiographie zeigt er, wie die Selbstläuterung Voraussetzung eines gewaltlosen Lebens ist und wie diese auch andere Menschen zum Frieden führen kann:

> Ohne Selbstläuterung muss das Einhalten des Ahimsa-Gesetzes bloß ein Traum bleiben. Gott kann nie von jemandem erkannt werden, der nicht reinen Herzens ist. Selbstläuterung bedeutet daher notwendig Läuterung im ganzen Leben. Und da Läuterung etwas in hohem Maße Ansteckendes ist, führt die eigene Läuterung zwangsläufig zur Läuterung der Umgebung.[195]

Das demütige Gebet ist für ihn ein besonders geeignetes Mittel dieser läuternden Herzensbildung: „Ich hege nicht den mindesten Zweifel, dass das Gebet ein unfehlbares Mittel ist, das Herz von Leidenschaften zu reinigen. Es muss jedoch mit der größten Demut verbunden sein.“[196] Immer wieder unterstreicht er dabei auch, dass Menschen durch eine solche Haltung zu Friedensstifter:innen werden, indem sie anderen als nachahmenswerte Vorbilder dienen. Ein Beispiel dafür ist seine zu Weihnachten 1926 übermittelte Botschaft an die Internationale der Kriegsdienstgegner: „Wenn nur einer von uns die höchste Liebe verkörpern könnte – das wäre genug, den Hass der Millionen zu bannen.“[197]

Gandhi wusste allerdings auch, mit welchen Widerständen eine Aufforderung zur Demut in einer Welt zu rechnen hat, in der der Wettbewerb um Macht, Stärke und materiellen Profit vorherrscht. 1935 beantwortete er eine Anfrage der Zeitschrift *Cosmopolitan*, um einerseits zu unterstreichen, dass, wer einen dauerhaften Frieden für unmöglich hält, damit auch die Göttlichkeit der menschlichen Natur leugnet, und um andererseits vor dem Imperialismus, einem seelenzerstörenden Wettbewerb und der Besitzgier, zu warnen:[198]

> Die Göttlichkeit der menschlichen Natur bildet die letztgültige Basis des ständigen Friedens der Menschen miteinander und mit der Schöpfung. Der die Seele zerstörende Wettbewerb und das Ausufern der Wünsche hemmen die Möglichkeit des Menschen, die Göttlichkeit in sich und den anderen Menschen wahrzunehmen.[199]

Indirekt nennt Gandhi damit auch strukturelle Voraussetzungen für den Frieden, denn wo immer gesellschaftlich der Wettbewerb um Macht und Besitz im Zentrum steht und besonders gefördert wird, ist es sehr schwer, den schmalen Pfad der *kenosis* überhaupt zu erkennen.

Gandhis Einsicht, dass es für den Frieden sowohl Selbst- als auch Strukturveränderung braucht, wird auch von Nelson Mandela geteilt. Wie Gandhi kannte auch er das englische Sprichwort, dass die Nächstenliebe zu Hause beginnt, aber er litt gerade unter dieser Einsicht, weil er wusste, dass sein politisches Engagement, die Zeit im Untergrund und die vielen Jahre im Gefängnis es ihm unmöglich machten, sich genügend um die eigene Familie zu kümmern.[200] Trotz dieser Selbstzweifel vertrat aber auch er ein Friedensengagement, dass vom Frieden im eigenen Haus über die Nachbarschaft, die Nachbarländer auf den Weltfrieden zielte. Als er 1995 den Africa Peace Award verliehen bekam, betonte er in seiner Dankesrede, dass sich Südafrika mit den Nachbarländern und im Rahmen afrikanischer Organisationen für die Friedensförderung und die Konfliktprävention einsetzen werde.[201] Eine

Notiz aus dem unveröffentlichten autobiographischen Manuskript, das er auf Robben Island schrieb, zeigt, dass auch er wusste, dass jede politische Form schon bei ihm selbst zu beginnen hat: „Ich hatte mir vorgenommen, die Mängel Südafrikas beseitigen zu helfen, dabei aber vergessen, dass der erste Schritt dahin war, die Schwächen jenes Südafrikaners zu überwinden, den ich am besten kannte: mich selbst.“[202] Auch ein Interview aus dem Jahr 2000 unterstreicht, welche Hürde die Selbstveränderung tatsächlich darstellen kann: „Eines der schwierigsten Dinge ist, nicht die Gesellschaft ändern zu wollen – sondern sich selbst.“[203]

Um Friedensstifter:innen zu werden, müssen wir bei uns selbst beginnen. Das bleibt eine lebenslange Aufgabe, weil es darum geht, den Versuchungen der Herrschsucht und der Besitzgier zu widerstehen. Das ist für die einzelne Person eine fast nicht zu bewältigende Hürde. Wir können hier auf die ähnlich komplexe Herausforderung der Schöpfungsbewahrung schauen, wie sie Papst Franziskus in seiner Enzyklika *Laudato si'* anspricht. Auch die Sorge um die Umwelt verlangt die persönliche Umkehr einer jeden Frau und eines jeden Mannes. Franziskus unterschätzt dabei die Bedeutung des Einzelnen keineswegs: „*Ein guter Mensch ist genug, um die Hoffnung nicht untergehen zu lassen!*“[204] Gleichzeitig ist sich der Papst aber auch bewusst, dass die vorherrschenden Strukturen und Mechanismen das Bemühen Einzelner sehr leicht zunichte machen können. Es braucht Netzwerke der Menschen, die mittels einer „gemeinschaftlichen Umkehr“ zur Veränderung beitragen:

> Allerdings ist es zur Lösung einer so komplexen Situation wie der, mit der sich die Welt von heute auseinandersetzen muss, nicht genug, dass jeder Einzelne sich bessert. Die isolierten Einzelpersonen können ihre Fähigkeit und ihre

> Freiheit verlieren, die Logik der instrumentellen Vernunft zu überwinden, und sind schließlich einem Konsumismus ohne Ethik und ohne soziales und umweltbezogenes Empfinden ausgeliefert. Auf soziale Probleme muss mit Netzen der Gemeinschaft reagiert werden, nicht mit der bloßen Summe individueller positiver Beiträge.[205]

Was Papst Franziskus hier vor allem im Blick auf die Schöpfungsverantwortung einfordert, gilt auch für das Friedensstiften. Wir brauchen Gemeinschaften der Friedensstifter:innen, um unsere Herzen für das Friedensstiften zu bilden. Die kirchlichen Gemeinden sind solche Orte, die uns dafür stärken können. Im Anschluss an das Zweite Vatikanische Konzil formuliert das *Kompendium der Soziallehre der Kirche* dies mit folgenden Worten:

> *Die Förderung des Friedens in der Welt ist ein wesentlicher Bestandteil der Sendung, mit der die Kirche das Erlösungswerk Christi auf Erden fortsetzt.* Denn die Kirche ist ein „Sakrament“ in Christus, „das heißt *Zeichen und Werkzeug des Friedens in der Welt und für die Welt*“.[206]

Sowohl die lokalen Gemeinden als auch die Weltkirche sind aufgefordert, alle Friedensstifter:innen zu stützen und zu stärken. Dazu gehören auch Bewegungen wie Pax Christi, die es möglich machen, gemeinsam für den Frieden in der Welt zu kämpfen. 1986 forderte der katholische Moraltheologe Bernhard Häring in seinem Buch *Die Heilkraft der Gewaltfreiheit* die Kirchen zur kritischen Selbstreflexion in Sachen Frieden auf: „Jede Kirche muß sich ganz konkret die Frage stellen, ob sie in ihrem Eigenleben, auch in ihren Institutionen und ihrem Verhalten, ein überzeugendes Modell einer gewaltfreien Friedensordnung darstellt.“[207]

DER FRIEDE ALS GESCHENK DER GNADE

So sehr sich Menschen um den Frieden mühen und die Kirchen ihnen Unterstützung geben, so sehr muss gleichzeitig beachtet werden, dass der Frieden mehr ist, als bloß die Frucht menschlicher Anstrengung. Es besteht sogar die Gefahr, dass durch bloße Anstrengung eine Form von innerer Aggression entsteht, die gerade nicht zu jenem friedfertigen Herzen führt, das die Friedensstifter:innen benötigen. In seiner Auslegung der *Bhagavadgita*, einer der grundlegenden hinduistischen Texte, der Gandhi besonders wichtig war, zeigt er auf, dass für die Überwindung der zum Unfrieden führenden Begierden nach innerweltlichen Gütern Selbstkasteiung und Fasten nur begrenzt nützlich sind. Wahre Befreiung kann nur die Gnade Gottes gewähren. Aufgabe der Menschen ist es daher, „ein taugliches Gefäß für die Gnade Gottes zu werden“:[208] „Ist die Gnade Gottes über ihn gekommen, wird all sein Kummer beendet sein. Wie Schnee in der Sonne, so vergeht alles Leid, wenn die Gnade Gottes auf ihn niederscheint; er wird zu einem Menschen mit gefestigtem Geist.“ Gandhi war sich der Gnade Gottes als Voraussetzung für allen Frieden sehr bewusst. Er empfand sein eigenes Leben als begnadet und betonte wiederholt, dass „ein gewaltfreier Mensch nichts tun kann außer durch die Macht und die Gnade Gottes“[209]. Er verstand sich als ein Werkzeug in den guten Händen Gottes, wie eine Selbstbeschreibung aus dem Jahre 1939 belegt:

> Wer bin ich? Ich habe keine Kraft außer der, die Gott mir gibt. […] Wenn er mich für ein reines Instrument zur Verbreitung der Gewaltfreiheit anstelle der schrecklichen Gewalt hält, die jetzt die Erde beherrscht, wird er mir die Kraft geben und mir den Weg zeigen. […] Die Sache des Friedens liegt also in Gottes guten Händen.[210]

1946 denkt Gandhi über die mit der Atombombe in die Welt gekommenen Gefahren nach und weist dabei westliche Behauptungen zurück, dass durch sie die Gewalt überwunden worden wäre. Gleichzeitig stellt aber auch die mit der Teilung Indiens einhergehende Explosion von Gewalt seine Lehre von der Gewaltfreiheit auf den Prüfstand. In dieser Situation nennt er einmal mehr Gottes Gnade, die allein die menschlichen Bemühungen zu einem guten Ende führen kann:

> Kein Mensch kann der Gewalt ein Ende setzen. Das kann nur Gott. Die Menschen sind nur Werkzeuge in seiner Hand. Ihre materiellen Mittel können die Gewalt nicht beenden; doch das heißt nicht, daß keine materiellen Mittel zu diesem Zweck eingesetzt werden sollten. Der entscheidende Faktor ist Gottes Gnade. Er wirkt nach seinem Gesetz, und daher wird auch die Gewalt nach seinem Gesetz zu Ende kommen. Der Mensch erkennt nie völlig Gottes Gesetz und kann das nicht. Deshalb müssen wir Versuche machen, soweit das in unserer Macht steht.[211]

Ein Jahr später fragt er sich, ob er ein besonderes Werkzeug des Friedens in Gottes Händen sei, und weist einen solchen Gedanken entschieden zurück: „Wir sind Tropfen in diesem unermeßlichen Meer von Gnade."[212] Die mit der Teilung Indiens einhergehende „Schlächterei von Menschen" zwischen Muslimen und Hindus lässt ihn zwar Hilflosigkeit erfahren, aber keine Depression. Im Vertrauen auf Gott fügt er sich in dessen Willen und ist bereit, sich für die Gewaltfreiheit einzusetzen, solange Gott ihn braucht.

Von Mandela sind mir keine expliziten Reflexionen über die Gnade Gottes bekannt, obwohl er sicher ein begnadeter Mensch war, wenn sein gesamter Lebensweg und seine Fähigkeit, nach siebenundzwanzig Jahren im Gefängnis mit Vergebung zu antworten, betrachtet werden. So hielt beispielsweise der südafrikanische Politiker Tony Leon, einer der schärfsten Kritiker des Präsidenten Mandela, fest, dass dieser wie Gandhi und der Dalai Lama „mit einer besonderen Art von Gnade, die aus der Politik ihrer Zeit hervorragen“[213], geboren sein muss. Zu Mandelas besonderen Gnadenerfahrungen zählt sicher seine Kindheit in der dörflichen Idylle von Qunu im Transkei:

> In seinen Briefen und Erinnerungen kommt Mandela oft auf sein Leben als Landjunge zu sprechen. Aus seiner Gefängniszelle beschrieb er in leuchtenden Farben die Großartigkeit der Hügel und Flüsse, den Genuß, in den kleinen Seen zu baden, Milch direkt vom Euter der Kuh zu trinken oder geröstete Maiskolben zu essen. Viele bedeutende Führerpersönlichkeiten haben ihre romantischen ländlichen Wurzeln verherrlicht, wenn sie in den Hauptstädten in die Machtpolitik verstrickt waren […] Aber Präsident Mandela legte mehr Nachdruck darauf, sich als Landjungen zu bezeichnen; und mit mehr Berechtigung, weil die Sicherheit und Einfachheit seiner ländlichen Jugend eine entscheidende Rolle in der Herausbildung seiner politischen Zuversicht spielte.[214]

Auch auf Robben Island war die zwar eingeschränkte aber nicht unmögliche Begegnung mit der Natur eine der Kraftquellen für Mandela. Außerdem stärkten ihn die enge Verbundenheit mit den ebenfalls zu lebenslanger Haft verurteilten Mitgefangenen sowie die Gespräche, Predigten und Gottesdienste mit den verschiedenen Gefängnisseelsorgern, die er sehr schätzte.[215]

DAS DENNOCH EINER HOFFNUNG, DIE KRAFT FÜR DEN NÄCHSTEN SCHRITT GIBT

Für Gandhi und Mandela gilt, dass sie durch Gnade trotz aller Bedrängnisse und der immer wieder neu aufbrechenden Gewalt nie die Hoffnung verloren haben. Hoffnung gehört zu den notwendigen Tugenden von Friedensstifter:innen. Der jüdische Religionswissenschaftler Pinchas Lapide bemerkte einmal im Bezug auf Jesu Bergpredigt, deren Vision nicht preisgegeben werden dürfe: „Wehe uns, wenn wir das tatkräftige Hoffen verlernen!“[216] Dabei geht es aber nicht um jenen optimistischen Fortschrittsglauben, der überzeugt ist, dass alles automatisch immer besser werden wird und der Friede sich von selbst einstellt. Eine solche Hoffnung würde nur lähmen. Angesichts der gegenwärtigen apokalyptischen Gefahrenlage der Welt wäre eine solche blauäugige Hoffnung ein Schritt in die Katastrophe, weil sie die Augen vor den Gefahren verschließt und diesen daher nicht entgegentritt. Es braucht, um ein Wort von Bernhard Häring zu nennen, das „Dennoch der Hoffnung“, das die Augen vor der Bedrohungslage gerade nicht verschließt.[217] Gandhi und Mandela kennzeichnet eine Hoffnung, die trotz aller Bedrängnis und Rückschläge tatkräftig bleibt. Als Gandhi im Dezember 1939 betonte, dass der Frieden letztlich in Gottes Händen liege, verwies er auch darauf, wie er dennoch daraus Hoffnung schöpfe – trotz der schrecklichen Gewalt, die die damalige Welt beherrschte:

> Nichts kann geschehen außer durch seinen Willen, der in seinem ewigen, unveränderlichen Gesetz zum Ausdruck kommt, das er ist. Wir kennen weder ihn noch sein Gesetz, außer durch ein dunkles Glas. Aber der schwache Schimmer des Gesetzes genügt, um mich mit Freude, Hoffnung und Glauben an die Zukunft zu erfüllen.[218]

Mandela fand trotz der Aussicht einer lebenslangen Haft in der Hoffnung Kraft, nicht zu resignieren, wie ein 1969 aus dem Gefängnis geschriebener Brief an seine Frau Winnie unterstreicht: „Hoffnung ist eine machtvolle Waffe. Keine Macht der Erde kann Dir diese Waffe rauben.“[219]

Dieses für Gandhi und Mandela typische „Dennoch der Hoffnung“ ist keine Hoffnung, die schon im Voraus weiß, dass alles gut gehen wird und die großen Friedenspläne gelingen werden. Es geht vielmehr um das Bewusstsein, dass es sinnvoll ist, den jetzt möglichen Schritt in Richtung mehr Gewaltfreiheit zu tun.

Der Agnostiker Václav Havel, der wie Gandhi und Mandela Zeit im Gefängnis verbringen musste, erkannte, dass eine solche Form von Hoffnung aus einer transzendenten Quelle lebt, die er aber – im Unterschied zu religiösen Menschen – nicht näher benennen konnte. Für ihn ist die Hoffnung „Orientierung des Geistes, Orientierung des Herzens, die die unmittelbar gelebte Welt übersteigt“[220]. Aus einer transzendenten Perspektive motiviert sie den Einsatz für die Welt, auch wo es hoffnungslos zu sein scheint:

> Hoffnung ist […] nicht Optimismus. Es ist nicht die Überzeugung, daß etwas gut ausgeht, sondern die Gewißheit, daß etwas Sinn hat – ohne Rücksicht darauf, wie es ausgeht. Ich denke also, daß wir die tiefste und wichtigste Hoffnung, die einzige, die uns trotz allem an der Oberfläche zu halten, zu guten Taten anzuhalten imstande ist, und die die einzige echte Quelle der Großartigkeit des menschlichen Geistes und seines Bemühens, von „anderswoher“ nehmen.[221]

Gandhi schöpft aus seiner hinduistischen Tradition diese von Havel treffend beschriebene Haltung der Hoffnung. Die *Bhagavadgita* lehrte ihm, dass bei allem notwendigen Handeln es darum geht, auf die „Früchte der Taten" zu verzichten, ohne gleichgültig gegenüber dem Ergebnis zu sein.[222] Deshalb genügt nach Gandhi für gewaltfreie Friedenskämpfer:innen der nächste Schritt. Als Mantra für alle wahren Satyagrahis zitierte er aus der Hymne *Lead kindly light* des englischen Theologen John Henry Newman die Zeile „der Schritt jetzt ist genug für mich" und verweist damit indirekt auf eine tiefere Gemeinsamkeit zwischen Hinduismus und Christentum hinsichtlich der Hoffnung.[223] Dieser Hymnus zeigt, dass es in einer bedrängenden Situation nicht darum geht, die Gewißheit über die ferne Zukunft zu haben, sondern den nächsten Schritt zu setzen:

Führe mich, o freundliches Licht,
durch die Düsternis, die mich umgibt,
Führe Du mich weiter.
Die Nacht ist schwarz,
und ich bin der Heimat fern.
Führe Du mich weiter;
Ich wünsche nicht zu sehen,
was in der Ferne liegt;
der Schritt jetzt ist genug für mich.[224]

Weil Gandhi diesen Hymnus sehr schätzte, wurde er auch immer wieder bei den von ihm organisierten interreligiösen Gebeten gesungen. In einem Brief an die dänische Missionarin Esther Menon erklärt er die Bedeutung dieses Hymnus, den er von Gott als „Geheimnis aller Geheimnisse" her versteht:

> Die undurchdringliche Dunkelheit, die uns umgibt, ist kein Fluch, sondern ein Segen. Er hat uns die Fähigkeit gegeben, den Schritt vor uns zu sehen, und es ist genug, wenn das himmlische Licht diesen Schritt für uns erhellt. So können wir mit Newman zusammen singen „Der Schritt jetzt ist genug für mich“. Und wir können schon aus unserer Erfahrung die Sicherheit schöpfen, daß wir immer wieder imstande sein werden, den nächsten Schritt zu sehen. Mit anderen Worten, die undurchdringliche Dunkelheit ist niemals so undurchdringlich, wie wir meinen. Aber die Dunkelheit erscheint undurchdringlich, wenn wir in unserer Ungeduld weiter sehen möchten, als diesen einen Schritt.[225]

Nicht nur Gandhi verehrte diesen Hymnus. Auch anderen Menschen gab er Kraft, in schwierigen Zeiten den nächsten Schritt zu tun. Der Hymnus stärkte beispielsweise den Pallotinerpater Franz Reinisch, der als einziger Priester hingerichtet wurde, weil er den Fahneneid auf Hitler verweigerte. In seinem Tagebuch hielt er fest, dass er diesen Hymnus täglich im Gefängnis betete.[226] Der aus Österreich stammende Missionsbischof Erwin Kräutler nennt diesen Hymnus sein Lieblingsgebet.[227]

Auch für unsere Welt kann Newmans Hymnus Orientierung geben. Wir Friedenskämpfer:innen haben es nicht in der Hand, den möglichen Atomkrieg aufzuhalten. Wir wissen auch nicht, ob es eine gute Lösung für den Krieg in der Ukraine oder für ein friedliches Miteinander in Israel/Palästina geben wird. Wir leben aktuell in der düsteren Zeit eines Dritten Weltkriegs in Stücken. Die großen Lösungen liegen nicht in unseren Händen, aber auch wir können schon heute den nächsten Schritt hin zu einer gewaltfreieren Welt tun.

NACHWORT ZUR 2. AUFLAGE

RÜCKBLICK UND AUSBLICK AUF DEN GERECHTEN FRIEDEN

Die Menschheitsgeschichte ist nunmehr an dem Punkt angelangt, wo nur mehr militante, wohlvorbereitete, diszipliniert durchgeführte, gewaltfreie Soziale Verteidigung den überlieferten sittlichen Kriterien für gerechte Verteidigung Genüge tun kann. Erklärt man diese Weise der Verteidigung leichtfertig als unrealistisch und utopisch, dann bleibt am Ende […] kein gangbarer Weg zur Verteidigung des Friedens in Freiheit mehr übrig.[228]

BERNHARD HÄRING, 1986

Bevor ich in diesem Nachwort auf weiterführende inhaltliche Fragen eingehe, möchte ich noch eine wichtige persönliche Ergänzung zur ersten Auflage dieses Buches vornehmen. Wissenschaftlich war ich durch die Friedensbewegung schon lange positiv auf Gandhis dritten Weg der aktiven Gewaltfreiheit vorbereitet. Anthropologisch war für meine Arbeiten die mimetische Theorie René Girards grundlegend, mit der ich durch den Innsbrucker Dogmatiker Raymund Schwager bekannt wurde.

Erst am Tag der Drucklegung der ersten Auflage dieses Buches wurde mir in Paris von Benoît Chantre ein neu aufgefundener Brief Schwagers an Girard übergeben, der zeigt, dass Schwager schon sehr früh erkannte, dass Gandhis Kampf für den Frieden die Anthropologie Girards in politischer und spiritueller Hinsicht komplementiert. Nachdem Schwager im Frühjahr 1983 Attenboroughs Film „Gandhi" im Kino sah, schrieb er am 24. April an Girard, mit dem er über viele Jahre im Briefkontakt stand:[229]

> Der Film über Gandhi hat mich sehr beeindruckt. In gewisser Weise ist die spirituelle und politische Strategie eine Ergänzung zu Ihrem Denken. Sie eröffnet einen dritten Weg zwischen einer passiven, doloristischen Haltung, die das Leiden resignativ oder sogar masochistisch akzeptiert, und einer aktiven Haltung, die leicht in Aggression umschlägt.[230]

Nachdem ich selbst in den letzten Jahren Gandhis Kampf für den Frieden aus der Sicht von Girards mimetischer Theorie studiert habe, kann ich Schwagers Beobachtung nur bekräftigen. Girards Anthropologie und Gandhis aktive Gewaltfreiheit komplementieren sich tatsächlich. Girard erkennt die Ansteckungsgefahr, die aller Gewalt innewohnt. Gandhi eröffnet wiederum praktische Wege, wie das Unrecht bekämpft werden kann, ohne in eine Spirale der Gewalt hineingezogen zu werden. Schwager spricht daher zurecht von einem dritten Weg Gandhis, der weder das Unrecht passiv hinnimmt noch zum Spiegelbild des Gewalttäters werden will. Gandhis Kampf gegen das Unrecht bedient sich gewaltfreier Mittel. Vermutlich hat mich also schon Schwager in die in meinem Buch eingeschlagene Richtung gelenkt.

EIN GERECHTER, KEIN FAULER FRIEDEN

Der Frieden steht – wie schon der Titel ankündigt – im Zentrum dieses Buches. In vielen Präsentationen der ersten Auflage ist mir klar geworden, dass es ganz wichtig ist, nicht von einem Frieden ganz allgemein zu sprechen, sondern von einem gerechten Frieden, der alle betroffenen Menschen einbezieht und nicht bloß in Ruhe und Ordnung besteht, wie es die Starken und Mächtigen bevorzugen. Schon der lateinische Kirchenvater Augustinus wusste, dass alle Menschen den Frieden lieben, und dass es daher auch um Frieden geht, wenn eine Kriegspartei mit Gewalt ihren Frieden durchsetzen will. Es ist kein Zufall, dass Papst Leo XIV. in seiner Ansprache an die Mitglieder des Diplomatischen Korps im Jänner 2026 auf diese Einsichten von Augustinus hinweist, um zu zeigen, dass der allgemeine Friedenswunsch noch kein gerechter Friede ist, sondern nur einer, wie ein Mensch ihn für sich wünscht.[231]

Für diese Problematik eines vagen und oft auch faulen Friedens gibt es ein überzeugendes modernes Beispiel mit dem Bürgerrechtsaktivisten Martin Luther King, der ja bewusst auf Gandhis Gewaltfreiheit aufbaute. Kings gewaltfreier Kampf für den Frieden war eindeutig kein Einsatz für den Frieden um jeden Preis.

Ein lesenswerter friedensethischer Sammelband hat mich auf eine Predigt Kings aufmerksam gemacht, die als klare Absage an den faulen Frieden gelesen werden muss.[232] 1956 protestierte er gegen den Frieden, der an der University of Alabama eingekehrt war, nachdem diese die erste schwarze Studentin, Autherine Lucy, ausschloss, um sie vor Attacken eines gewalttätigen Mobs zu schützen. King kritisierte diesen „widerlichen Frieden", der sogar in der „Nase des allmächtigen Gottes stinkt"[233]. Ein solcher Frieden muss bekämpft werden, wie er unter Hinweis auf Jesu Wort betonte, dass dieser nicht gekommen sei, um Frieden zu bringen, sondern das Schwert (Mt 10,34). Mehrmals nennt er Formen des Friedens, die er zurückweisen musste: „Wenn Frieden die Bereitschaft bedeutet, sich wirtschaftlich ausbeuten, politisch dominieren, demütigen und ausgrenzen zu lassen, dann will ich keinen Frieden." Diese Predigt war keine vereinzelte Absetzung vom faulen Frieden, sondern blieb ein Grundanliegen von King, wie vor allem auch der 1963 aus dem Gefängnis in Birmingham geschriebene Brief an weiße Pastoren und Rabbiner zeigt. Hart kritisierte er darin die „gemäßigten Weißen", die zwar mit seinen Anliegen grundsätzlich sympathisierten, aber in Bezug auf konkrete Aktionen zurückhaltend blieben, weil sie „einen negativen Frieden, in dem es keine Spannungen gibt, einem positiven Frieden, in dem Gerechtigkeit herrscht" vorzogen. Mit klaren Worten zeigte King auf, wie sich der gerechte Frieden von einem faulen unterscheidet:

> Ich hatte gehofft, der gemäßigte Weiße würde verstehen, dass die augenblickliche Spannung in den Südstaaten nur eine notwendige Übergangsphase ist, und zwar von einem negativen Frieden, in dem der Schwarze die Ungerechtigkeit teilnahmslos hinnahm, zu einem positiven Frieden, in

> dem alle Menschen die Würde und den Wert der menschlichen Persönlichkeit respektieren werden. Eigentlich sind wir, die wir uns an einer direct action beteiligen, nicht die, die die Spannung erzeugen. Wir bringen nur die bereits vorhandene, verborgene Spannung an die Oberfläche. Wir holen sie ans Tageslicht, damit man sie sehen und sich mit ihr befassen kann. Wie ein Furunkel, der erst heilen kann, wenn er geöffnet und mit seiner ganzen eitrigen Hässlichkeit den natürlichen Heilkräften der Luft und des Lichtes ausgesetzt wird, so muss auch die Ungerechtigkeit mit all der Spannung, die sie erzeugt, erst ans Licht des menschlichen Gewissens und an die frische Luft der öffentlichen Meinung gebracht werden, um heilen zu können.[234]

Aller Kampf um den Frieden muss auf einen gerechten Frieden zielen. Das gilt heute sowohl für den herbeigesehnten Frieden in der Ukraine als auch für den in Israel und Palästina. Nur der gerechte Friede garantiert langfristig den Frieden in der Welt. Ein bloß vager Ruf nach Frieden oder die mediale Selbstdarstellung als globaler Friedensbringer tragen nichts zu einem wirklich gerechten Frieden bei. Oft erweisen sich solche Aktivitäten am Ende sogar als kriegstreibend.

DER KAMPF FÜR DEN FRIEDEN SETZT DEN FRIEDEN IM EIGENEN HERZEN VORAUS

Die Entscheidung, diesem Buch den Titel „Für den Frieden kämpfen" zu geben, dauerte mehrere Wochen. Nicht alle waren im Verlag mit diesem Titel sofort einverstanden, weil er mit „Frieden" und „kämpfen" zwei Worte miteinander in Beziehung setzt, die eine Spannung erzeugen, die zu Missverständnissen führen kann. Bei meinen vielen Buchpräsentationen bin ich vor allem in christlichen Gruppen auf Menschen gestoßen, die den Buchtitel als Irritation empfanden. Im Rückblick bin ich dennoch froh, dass wir diesen Titel gewählt haben, weil er tatsächlich einerseits gut den kämpferischen Friedenseinsatz von Gandhi und Mandela wiedergibt und andererseits dazu beiträgt, ein falsches Jesusbild zu korrigieren, das tief in den kirchlichen Gemeinschaften verwurzelt zu sein scheint. Schon Gandhi wunderte sich, warum die Christen Jesus als Vertreter einer passiven Hinnahme von Unrecht verstanden und kein Gespür für seinen gewaltfreien Widerstand hatten. Ein Nichtwiderstand und nicht die aktive Gewaltfreiheit wird mit Jesus identifiziert. Es scheint, dass sich seit Gandhis Zeiten diesbezüglich noch nicht sehr viel verändert hat. Noch immer wird Jesus von vielen als jemand verstanden, der widerstandslos dem Schläger die andere Wange hingehalten hat. Dieses Missverständnis der Bergpredigt versucht dieses Buch zu korrigieren. Inzwischen haben die katholischen Bischöfe Deutschlands in ihrem Friedenswort von 2024 einen wichtigen Impuls zur Korrektur dieses falschen Jesusbildes geleistet. Sie verweisen auf jene Stelle im Johannesevangelium (Joh 18,23), in der Jesus von einem Diener ins Gesicht geschlagen wurde, er aber nicht einfach die andere Wange hinhielt, sondern den Schläger zur Rede stellte: „Wenn es nicht recht war, was ich gesagt habe, dann weise es nach; wenn es aber recht war, warum schlägst du mich?“ Zu Recht betonen die deutschen Bischöfe im Anschluss an diese Schriftstelle, dass Jesus kein „scheinbar sanftmütiger Leisetreter“ war.[235] Jesus lebte den auch für Gandhi bedeutsamen dritten Weg, der weder dem Unrecht nachgibt noch sich von der Gewalt des Aggressors anstecken lässt. Die deutschen Bischöfe betonen, dass Jesu Haltung „den Geist aktiver

Gewaltfreiheit“ verkörpert, der „die Kraft schenkt, der Niedertracht in die Augen zu sehen und ihrem verächtlichen, hasserfüllten Blick zu trotzen, ohne sie spiegelbildlich nachzuahmen“. Auch Papst Leo XIV. zögerte nicht, in seiner Botschaft zum Weltfriedenstag 2026 vom unbewaffneten „Kampf“ zu sprechen, den Jesus verkörpert.[236]

So gut es also war, dass wir im Titel nicht vor dem „Kämpfen“ zurückscheuten, so sehr darf nicht übersehen werden, dass der Titel auch missverstanden werden kann. In einem Buch des Trappisten, Mystikers und Friedenstheologen Thomas Merton haben mir zwei Aphorismen vor Augen geführt, wie für den Frieden nicht gekämpft werden darf. Der erste Aphorismus spricht von jenen Friedenskämpfer:innen, die sich so sehr in den Aktivismus und in die Überarbeitung stürzen, dass sie ohne es zu wollen, selbst der Gewalt verfallen und mit ihr kooperieren: „Die Raserei des Aktivisten neutralisiert seine Arbeit für den Frieden. Sie zerstört seine eigene innere Fähigkeit zum Frieden. Sie zerstört die Fruchtbarkeit seiner eigenen Arbeit, weil sie die Wurzel innerer Weisheit tötet, die die Arbeit fruchtbar macht.“[237] Tatsächlich kenne ich diese Versuchung der Friedenskämpfer:innen selbst und habe sie auch bei anderen Aktivisten und Aktivistinnen in der Friedensbewegung beobachtet. Aller Kampf für den gerechten Frieden setzt den Frieden im eigenen Herzen voraus. Papst Leo XIV. hat in seiner Botschaft zum Weltfriedenstag 2026 auf eine Predigt von Augustinus hingewiesen, um zu unterstreichen, wie sehr der innere Friede dem Einsatz für den Frieden vorausgehen muss: „Wenn ihr andere zum Frieden führen wollt, möget ihr ihn erst selbst in euch haben und in ihm gefestigt sein. Um andere zu entflammen, muss sein Licht in euch brennen.“[238]

Mertons zweiter Aphorismus, der ursprünglich 1966 – also mitten im Kalten Krieg und vor dem Hintergrund des Vietnamkriegs –, veröffentlicht worden ist, stellt den Kampf für den Frieden noch stärker in Frage:

> Vielleicht ist Frieden letztlich nichts, wofür man arbeitet oder wofür man „kämpft“. Gerade das „Kämpfen für den Frieden“ ist es ja, das alle Kriege entfacht. Was sind schließlich all die Vorwände dieser Krisen des Kalten Krieges anderes als ein „Kampf für den Frieden“? Frieden ist etwas, das man hat oder nicht hat. Wenn du selbst im Frieden bist, dann gibt es wenigstens ein wenig Frieden in der Welt. Dann teile deinen Frieden mit allen, und alle werden im Frieden sein. Natürlich ist mir bewusst, dass Argumente wie dieses als Vorwand für Passivität dienen können, für die gleichgültige Hinnahme jeder Ungerechtigkeit. Quietismus führt ebenso sicher zum Krieg wie alles andere. Aber ich spreche nicht vom Quietismus, denn Quietismus ist kein Frieden, und er ist auch nicht der Weg zum Frieden.[239]

Zum besseren Verständnis dieses herausfordernden Aphorismus ist es wiederum hilfreich auf die Friedensbotschaft von Papst Leo hinzuweisen, der ähnlich wie Merton mit Augustinus betont, dass es nicht um ein idealistisches Loben des Friedens geht, sondern um ein Bewahren und Festhalten am Frieden, um nicht dem Fatalismus nachzugeben und Kriege und Gewalt als unabänderlich hinzunehmen:

> Wenn wir Frieden als ein fernes Ideal betrachten, finden wir es nicht mehr skandalös, dass er verweigert werden kann und dass sogar Kriege geführt werden, um Frieden zu erreichen. Es scheint an den richtigen Gedanken zu

> mangeln, an wohlüberlegten Worten, an der Fähigkeit zu sagen, dass der Friede nahe ist. Wenn der Friede keine gelebte Wirklichkeit ist, die es zu bewahren und zu pflegen gilt, dann macht sich Aggressivität sowohl im privaten als auch im öffentlichen Leben breit.[240]

Direkt im Blick auf Merton ist zu bemerken, dass bei allem Kampf für den Frieden sowohl das Ziel, das nur ein gerechter Frieden sein kann, als auch die Mittel dieses Kampfes zu beachten sind. Wo immer es möglich ist, sind stets gewaltfreie Mittel vorzuziehen. Wichtig ist aber auch, dass Merton mit seiner Warnung vor dem Friedenskampf nicht für die Passivität Partei ergreift, sondern festhält, dass dieser Weg nicht zum Frieden führt. Damit unterstreicht er die sowohl für Gandhi als auch für Mandela zutreffende Absage einer passiven Hinnahme von Unrecht.

GEWEBE STATT SCHACHBRETT: DER WELTFRIEDEN VERLANGT DEN MULTILATERALISMUS

Der Jesuit Antonio Spadaro, der zum engeren Umfeld von Papst Franziskus gehörte, hat dessen Weltsicht mittels zweier Begriffe gebündelt, die uns unsere gegenwärtige Welt besser verstehen lassen. Der erste Begriff ist das „Schachbrett", womit eine Welt der Machtpolitik gemeint ist, in der allein das Recht des Stärkeren zählt und die Großmächte den Lauf der Welt bestimmen. Diese Politik des Schachbretts zeigte sich beispielsweise in der 1945 erfolgten Konferenz von Jalta, in der die Großmächte Europa gemäß ihren Herrschaftsbereichen aufteilten.

Leider dominiert zurzeit wieder das Schachbrett, weil Machtspiele im Zentrum internationaler Politik stehen und eine regelbasierte Weltordnung mit dem in der UN-Charta erlassenen Gewaltverbot immer öfter missachtet werden. Die im Herbst 2025 veröffentlichte Denkschrift der Evangelischen Kirche Deutschlands betont, dass die „Zahl der Getöteten in gewaltsamen Konflikten" im Zunehmen ist und die „Zahl der Toten infolge von Kriegen" 2024 höher als in den Jahren zuvor war.[241] Diese schon einige Zeit andauernde gefährliche Entwicklung hat vor kurzem die amerikanische Rechts- und Politikwissenschaftlerin Oona A. Hathaway in einem Beitrag in der New York Times mit konkreten Zahlen belegt.[242] Sie vergleicht darin die durchschnittliche Zahl von kampfbedingten Todesopfern infolge grenzüberschreitender Konflikte zwischen den Jahren 1989–2014, die weniger als 15.000 pro Jahr betrug, mit der entsprechenden Zahl von 2015–2025, die auf über 100.000 pro Jahr angestiegen ist. Das ist eine Entwicklung, die in den Abgrund führen wird, wenn die Menschen ihr nicht bald und entschieden entgegensteuern.

Dem Schachbrett stellte Franziskus das „Gewebe" gegenüber, das nicht das Aufteilen der Herrschaftsbereiche meint, sondern das Einbinden möglichst aller Menschen. Im Zentrum steht nicht das gewaltsame Durchsetzen, sondern der Dialog, die Diplomatie und das gegenseitige Knüpfen von Beziehungen. Gegen den Geist von Jalta stellte Papst Franziskus daher den „Geist von Helsinki", womit er auf die Schlussakte von Helsinki im Jahre 1975 verwies, die eine wichtige Übereinkunft der militärischen Blöcke im Kalten Krieg erreichte und die Menschenrechte in den osteuropäischen Ländern stärkte. 2022 forderte Franziskus dazu auf, diesen Geist wiederzubeleben:

> Wir brauchen Führungspersönlichkeiten, die es den Völkern auf internationaler Ebene ermöglichen, einander zu verstehen und miteinander zu reden, und die einen neuen „Geist

> von Helsinki" aufkommen lassen, den Willen, den Multilateralismus zu stärken, um mit Blick auf die kommenden Generationen eine stabilere und friedlichere Welt aufzubauen.[243]

Papst Leo folgt dieser Spur seines Vorgängers. Wie dieser hat er schon öfters den Geist von Helsinki betont und dazu aufgerufen, den Multilateralismus zu stärken. Wer den Angriffskrieg Russlands gegen die Ukraine sowie jüngste Verletzungen des Völkerrechts durch die USA und Israel und die Ablehnung des Internationalismus durch den US-Präsidenten Donald Trump in den Blick nimmt, wird verstehen, warum Papst Leo so eindringlich vor einer Politik des Stärkeren und einer neuen Hinwendung zum Krieg warnt:

> In unserer Zeit gibt insbesondere die Schwäche des Multilateralismus auf internationaler Ebene Anlass zur Sorge. Eine Diplomatie, die den Dialog fördert und den Konsens aller sucht, wird durch eine Diplomatie der Stärke, durch einzelne Staaten oder Gruppen von Verbündeten ersetzt. Krieg ist wieder in Mode gekommen, und eine kriegerische Stimmung breitet sich aus. Das nach dem Zweiten Weltkrieg festgelegte Prinzip, das es Ländern verbot, Gewalt anzuwenden, um die Grenzen anderer zu verletzen, ist gebrochen worden. Der Friede wird nicht mehr als Geschenk und als an sich erstrebenswertes Gut gesucht, „mit dem Ziel einer von Gott gewollten Ordnung, die eine vollkommenere Gerechtigkeit unter den Menschen herbeiführt", sondern mit Waffen als Voraussetzung für die Durchsetzung der eigenen Herrschaft. Dies stellt eine schwerwiegende Beeinflussung der Rechtsstaatlichkeit dar, die die Grundlage für jedes friedliche gesellschaftliche Zusammenleben bildet.[244]

Zu den wichtigen multilateralen Einrichtungen gehören die 1945 gegründeten Vereinten Nationen (UNO) und auch die aus der im Anschluss an die Schlussakte von Helsinki (1945) hervorgegangene Konferenz über Sicherheit und Zusammenarbeit in Europa (KSZE) 1995 gegründete Organisation für Sicherheit und Zusammenarbeit in Europa (OSZE). Vor allem die Gründung der UNO antwortete auf die katastrophalen Kriege des 20. Jahrhunderts, um den Krieg als Weg der Konfliktlösung für immer zu überwinden. Papst Leo fragt, ob eine „Kultur der Erinnerung" fehlt, die uns die „Millionen Opfer" des letzten Jahrhunderts nicht vergessen lässt.[245] Gleichzeitig fordert er dazu auf, den Multilateralismus als Ort des Dialogs und der Diplomatie wieder zu stärken. Dieser muss wieder die erforderliche Kraft erlangen, „um seine Rolle als Vermittler und Schlichter zu erfüllen, die zur Konfliktverhütung notwendig ist, und niemand versucht ist, andere mit Gewalt zu unterdrücken, sei sie verbal, physisch oder militärisch".[246]

Ähnlich argumentiert die Evangelische Kirche in ihrer Friedensdenkschrift, wenn sie einerseits bedauert, dass die „Stärke des Rechts durch das Recht des Stärkeren ersetzt zu werden droht" und daher betont, dass aus der „Perspektive des Gerechten Friedens die Unterstützung für die Vereinten Nationen und des internationalen Völkerrechts trotz ihrer Unzulänglichkeiten unabdingbar" ist. [247]

EUROPA ALS MULTILATERALES FRIEDENSPROJEKT

Die gegenwärtige Weltsituation stellt vor allem Europa vor große Herausforderungen. Zu der Bedrohung aus Russland, die der Angriffskrieg gegen die Ukraine den Menschen in Europa deutlich vor Augen geführt hat, kommt mit der Außenpolitik des US-amerikanischen Präsidenten Donald Trump auch eine dramatische Veränderung in der bisherigen engen Anbindung Europas an die USA hinzu. Europa kann sich nicht länger in der Sicherheits- und Verteidigungspolitik auf die unhinterfragte Unterstützung durch die USA verlassen. Europa muss zumindest mittelfristig die Verteidigungs- und Sicherheitspolitik in die eigenen Hände nehmen und unabhängig von den USA verteidigungsfähig werden.

Die neue Lage Europas rechtfertigt ein Umdenken in der Verteidigungspolitik und erfordert auch zusätzliche finanzielle Mittel in diesem Bereich. 2025 kündigte die Europäische Union an, in den kommenden Jahren 800 Milliarden Euro zusätzlich für den Plan „ReArm Europe" auszugeben. Die Europäische Union will also mit Aufrüstung auf die sicherheitspolitische Herausforderung der Gegenwart reagieren. Ich möchte einen kleinen Einspruch wagen, der nicht auf die Aufrüstung setzt, sondern ein Umrüsten fordert. Was ist damit gemeint?

Eine 2025 veröffentlichte Studie von Greenpeace zeigt, dass die NATO-Staaten zehnmal mehr Geld als Russland für das Militär ausgeben.[248] Da ist natürlich die USA miteingerechnet. Aber auch ohne USA gibt Europa in absoluten Zahlen gerechnet den dreifachen Betrag gegenüber Russland aus. Laut dem „International Institute for Strategic Studies (IISS)" gab Europa im Jahr 2024 457 Milliarden US-Dollar für Verteidigung aus, während in Russland dafür 146 Milliarden US-Dollar anfielen.[249] Diese absoluten Zahlen täuschen aber insofern, als Russland im Blick auf die Kaufkraft im eigenen Land tatsächlich in den Verteidigungsausgaben Europa leicht überlegen ist. Im Vergleich von einsatzbereiten Großwaffensystemen, der Truppenstärke, der militärischen Einsatzbereitschaft sowie der Rüstungsbeschaffung und

Rüstungsproduktion ist nach der Studie von Greenpeace Europa gegenüber Russland im Vorteil. Auch hier gilt es aber wieder eine Einschränkung hinzuzufügen: Die militärische Sicherheitspolitik Europas ist keineswegs gut integriert, und die Waffensysteme sind oft nicht aufeinander abgestimmt. Es wird also viel Geld auf ineffiziente Weise ausgegeben. Ein stärkeres Zusammenrücken der europäischen Länder in der Verteidigungspolitik ist dringend angesagt. Das ist die vielleicht wichtigste politische Aufgabe, die Europa bevorsteht.

Eine Gefahr muss hier allerdings auch klar angesprochen werden: Wenn Europa angesichts möglicher Bedrohungen durch Russland aufrüstet, wird das auch auf der anderen Seite zu vermehrten Rüstungsbestrebungen führen. Militärs haben gute Gründe, sich schlimmste Szenarien vorzustellen, um für diese Situationen gerüstet zu sein. Tendenziell wird dann die jeweils andere Seite überschätzt und das führt in eine gefährliche Rüstungsspirale, die gerade angesichts der aktuellen Weltlage, wie sie von der Weltuntergangsuhr (85 Sekunden) angezeigt wird, einem gefährlichen Hasardspiel nahekommt.

Europa darf sich trotz der Notwendigkeit, verteidigungsbereit zu sein, nicht von der imperialistischen und militaristischen Logik anstecken lassen, wie sie heute von Russland, USA und China vorgelebt wird. Das nach dem Zweiten Weltkrieg geschaffene Modell der Europäischen Union, das nicht zufällig 2012 mit dem Friedensnobelpreis ausgezeichnet wurde und für Multilateralismus sowie einer reduzierten staatlichen Souveränität steht, muss fortgesetzt werden. Die Welt braucht weder eine europäische Supermacht noch ein weiteres Imperium. Europa muss bei der Stärkung der Verteidigungsfähigkeit nicht blind auf Aufrüstung setzen, sondern einen neuen eigenen Weg einschlagen, der das Ziel des gerechten Friedens nicht aus den Augen verliert. Die

Warnung der italienischen Philosophin Donatella Di Cesare ist ernst zu nehmen. Sie warnt davor, jetzt auf Aufrüstung zu setzen:

> Ich halte das für einen Irrweg. Nicht, weil Sicherheit keine Rolle spielte, sondern weil militärische Angleichung politische Selbstaufgabe heißt. Wer das Modell der Macht übernimmt, übernimmt auch seine Logik. Europa würde sich damit endgültig einem Maß unterwerfen, das nicht das seine ist.[250]

Zurecht fordert sie dagegen die „Beschleunigung der politischen Einheit Europas". Ein Umrüsten, das der Aufrüstung vorgezogen wird, muss Verteidigung über den bloß militärischen Bereich hinausdenken. Die deutsche Politikwissenschaftlerin Jana Puglierin betont mit Recht die Notwendigkeit, die Staaten, Gesellschaften und Institutionen der EU oder der NATO resilient zu machen.[251] Eine umfassende Verteidigung muss sich um eine resiliente Infrastruktur kümmern. Puglierin beschränkt sich dabei allerdings zu sehr auf notwendige Maßnahmen, die direkt wieder militärisch wichtig sind, wie zum Beispiel Brücken, Straßen, Eisenbahnnetze für schnelle Truppentransporte vorzubereiten. In Österreich gibt es das Konzept der umfassenden Landesverteidigung, die auch die geistige Landesverteidigung miteinschließt. In der Praxis bedeutet das oftmals, dass Soldaten in Uniform in Schulklassen kommen, um junge Menschen für die Verteidigungsbereitschaft zu motivieren. Das bleibt aber alles noch zu sehr der militärischen Logik verpflichtet. Aus friedensethischer Sicht ist es notwendig, gewaltfreie Verteidigungsformen aufzubauen und so zu einer viel umfassenderen gesellschaftlichen Resilienz beizutragen. Umrüsten statt aufrüsten bedeutet, das Konzept der sozialen Verteidigung zu einer wachsenden Säule nationaler Verteidigung auszubauen.

WIR BRAUCHEN DEN ERGÄNZENDEN AUFBAU SOZIALER VERTEIDIGUNG

Im Unterschied zur zivilen Verteidigung mit ihrer militärischen Einbettung ist die soziale Verteidigung der aktiven Gewaltfreiheit verpflichtet. Vorformen dieses Konzepts lassen sich in der Geschichte finden, wo Menschen gegen eine Besatzungsmacht oder gegen Unterdrückung mit gewaltfreien Mitteln Widerstand leisteten. Gandhis Kampagnen in den 1930er-Jahren im Befreiungskampf Indiens gehören dazu und inspirierte Menschen, wie den US-amerikanischen Politikwissenschaftler Gene Sharp oder den Friedensforscher Johan Galtung, das Konzept der sozialen Verteidigung systematisch zu entwickeln.[252] Auch im deutschen Sprachraum gab es während des Kalten Kriegs eine intensivere Debatte über die soziale Verteidigung. Hier ist insbesondere das Werk des auch auf Gandhi aufbauenden Friedensforschers Theodor Ebert zu nennen.[253] Hildegard Goss-Mayr fügte ihrem schon erwähnten Buch über die Gewaltfreiheit ein von Martin Rokita verfasstes Kapitel über die Möglichkeit sozialer Verteidigung in Österreich hinzu.[254] Auch der Moraltheologe Bernhard Häring plädierte in seinem Buch für eine Umrüstung in Richtung sozialer Verteidigung.[255] Viel diskutiert wurde damals auch das Buch der beiden Friedensforscher Anders Boserup und Andrew Mack *Krieg ohne Waffen?*, das vier historische Beispiele gewaltfreien Widerstands darstellt (Kapp-Putsch 1920, Ruhrkampf 1923, algerische Generalsrevolte 1961, Widerstand gegen die Truppen des Warschauer Paktes in der Tschechoslowakei 1968). Die beiden Autoren greifen die These von Clausewitz auf, dass die Verteidigung gegenüber dem Angreifer insofern im Vorteil sei, da sie darüber bestimme, wo der Schwerpunkt der Auseinandersetzung liege: „So wie der Käufer bestimmt, welche Ware er kaufen will und der Verkäufer ihren Preis, so bestimmt im Krieg die Offensive das Ziel, aber die Defensive wählt den Schwerpunkt."[256] Wenn es um die Verteidigung von Grenzen und des Territoriums geht, so sind militärische Mittel im Vorteil, geht es aber um die Verteidigung der eigenen Lebensweise, so haben gewaltfreie Mittel wie die Nichtzusammenarbeit oder der Boykott einen deutlichen Vorteil. Es geht um die Gehorsamsverweigerung, wo der Aggressor in das gewohnte Leben einer Gesellschaft einzugreifen versucht. Theodor Ebert nennt es die „dynamische Weiterarbeit ohne Kollaboration".[257] Eine hilfreiche aktuelle Definition der sozialen Verteidigung findet sich in einem Beitrag der Friedensforscherin Christine Schweitzer, wonach das Ziel der sozialen Verteidigung „nicht der Schutz der Grenzen und des Territoriums" ist, sondern „eine Verteidigung der Lebensweise und der Institutionen gegen die Absicht des Gegners, die Herrschaft im Lande zu übernehmen. Das kann ein internationaler Angreifer ebenso sein wie eine Bürgerkriegspartei oder ein Putschist." [258]

Besonders wichtige Impulse zu einer aktuellen Wiederbelebung der Diskussion über die soziale Verteidigung stammen vom deutschen Philosophen Olaf Müller, der einen pragmatischen Pazifismus vertritt. Sein Buch *Pazifismus: Eine Verteidigung* berührt sich in wichtigen Punkten mit der hier vertretenen vorrangigen Option für die Gewaltfreiheit. Ähnlich wie Gandhi von Graden der Gewaltfreiheit spricht, lehnt Müller einen Pazifismus, der sich in Schwarz-Weiß-Mustern ausdrückt zugunsten von „Aussagen mit Grautönen" ab.[259] Mit Gandhi und Mandela verbindet ihn vor allem auch die Einsicht, dass der „Glaube an das Gute im Menschen" eine wichtige Voraussetzung einer pazifistischen Weltsicht darstellt.[260] Wie bei Jesus, Gandhi oder dem Dalai Lama geht es darum, allen Menschen mit den „Augen der Liebe" gegenüberzutreten.

Kürzlich hat sich Müller in mehreren Artikeln für eine Stärkung der sozialen Verteidigung ausgesprochen. Auch darin zeigt sich sein pragmatischer Zugang, weil er nicht negiert, dass es in einigen Bereichen eine Nachrüstung braucht. So bemerkt er, dass „gegen Terrorangriffe mit Raketen, Jagdbombern und Drohnen […] kein gewaltfreies Widerstandskraut gewachsen“ ist.[261] Zur Verteidigung braucht es daher eine „mächtige, ultradefensive Luftabwehr“. Unabhängig davon sieht er aber für Deutschland eine Chance darin, eine defensive Bundeswehr durch eine gewaltfreie Komponente zu ergänzen:

> Beide Verteidigungsvorbereitungen verstärken sich gegenseitig, wenn es darum geht, einen potenziellen Angreifer zu überzeugen, dass ihn der Aufwand von Krieg und Besatzung allzu teuer zu stehen käme. So könnten wir eine neuartige Form der Abschreckung aufbauen, die keine bedrohlichen Signale nach Osten sendet.[262]

Ein solches Konzept erfordert auch ein neues Denken in Bezug auf Wehrpflicht und Zivildienst. Müllers Vorschlag für Deutschland lautet folgendermaßen:

> Wenn wir die Wehrpflicht wiederbeleben, dann anders als früher. Es sollte eine freie Wahlmöglichkeit für die jungen Frauen und Männer geben, ohne Gewissensprüfung. Und die Alternative zur Wehrpflicht sollte kein Zivildienst in Altenheimen oder Krankenhäusern sein, der wenig mit Landesverteidigung zu tun hätte. Ich möchte, dass sich die Wehrpflichtigen anstelle des Dienstes an der Waffe dafür entscheiden dürfen, die Verteidigung unseres Landes mit den friedlichen, gewaltfreien Mitteln des zivilen Wider-

> stands einzuüben. Es geht also um den systematischen Aufbau einer sozialen Verteidigung.[263]

Dieser hier für Deutschland ausgearbeitete Vorschlag muss nicht in allen Details für Europa übernommen werden. Es gibt beispielsweise auch gute Gründe, Frauen von der Wehrpflicht auszunehmen. Auch ist es vorstellbar, dass es neben dem Dienst beim Militär sowohl einen Zivildienst im Kranken- und Pflegebereich als auch einen Friedensdienst im Bereich der sozialen Verteidigung gibt. Wichtig und verallgemeinerbar ist Müllers Vorschlag hinsichtlich der Notwendigkeit, die soziale Verteidigung zu einer wachsenden Stütze im Bereich der Landesverteidigung aufzubauen. Dazu sind auch finanzielle Mittel nötig. Mein Wunsch wäre es, von den in der EU vorgesehenen 800 Milliarden Euro 50 Milliarden für den Aufbau der sozialen Verteidigung einzusetzen. So würde sich zeigen, dass es vor allem um ein Umrüsten und nicht um ein Aufrüsten geht. Die Stärkung der gesellschaftlichen Resilienz, also die Stärkung von Demokratie, Menschenrechten und dem solidarischen Miteinander, würde unseren Gesellschaften – unabhängig von konkreten Verteidigungsfällen – sehr guttun.

EINE EDITORISCHE NOTIZ ZUR ÜBERSETZUNG VON NON-VIOLENCE

Non-violence, der in den gesammelten englischen Schriften Gandhis verwendete Begriff, wird im Deutschen entweder mit „Gewaltlosigkeit“ oder mit „Gewaltfreiheit“ übersetzt. Wo Gandhi von der aktiven Gewaltfreiheit im Sinne seines Konzeptes der *satyagraha* spricht, empfiehlt sich die Übersetzung mit Gewaltfreiheit, weil es der aktivere der beiden Begriffe ist. Ich schließe mich hier an Reiner Steinweg an, der zu dieser Übersetzungsfrage bemerkt, dass „beim Ausdruck *Gewaltlosigkeit* oftmals Schwäche assoziiert wird, während *Freiheit* in der Regel positiv besetzt ist und mit einem Zustand von Kraft und Freude in Verbindung gebracht wird“. Bei der Übernahme von Zitaten aus deutschen Übersetzungen von Gandhis Schriften habe ich – wo es sich als sinnvoll erwies – das Wort „Gewaltlosigkeit“ durch „Gewaltfreiheit“ ersetzt.

ANMERKUNGEN

1 Mandela, Meine Waffe, 27.
2 Vgl. Goss-Mayr, Mensch vor dem Unrecht; Goss-Mayr/Hanssens, Jean Goss.
3 Vgl. Attenborough, Gandhi.
4 Vgl. Büchele, Spiritualität.
5 Vgl. Renoldner, Widerstand aus Liebe.
6 Vgl. Palaver, Politik und Religion; Palaver, Quellen.
7 Gandhi, Stimme der Wahrheit, 163.
8 Vgl. Noort, Gandhi's Use of Scriptures.
9 Gandhi, Hinduismus, 126.
10 Gandhi, Grundlegende Schriften, 104.
11 Gandhi, Hinduismus, 116.
12 Vgl. Palaver, Abrahamitische Revolution.
13 Vgl. Fanon, Verdammten; Sternstein, Gandhi und Frantz Fanon; Cortright, Gandhi and Beyond; Juergensmeyer, Gandhi; Wessler, Mahatma Gandhi.
14 Vgl. Palaver, Sozialethik der Terrorismusbekämpfung, 231–239.
15 Vgl. Palaver, Gandhi's Militant Nonviolence.
16 Butler, Macht der Gewaltlosigkeit, 41.
17 Vgl. Häring, Die Heilkraft der Gewaltfreiheit, 104, 110.
18 Du Toit/Meir/Noort/Palaver, Nonviolence and Religion.
19 Mandela, Über Gandhi, 20.
20 Vgl. Mandela, The Prisoner, 563.
21 Vgl. Mandela, Bekenntnisse, 389.
22 Vgl. FOCUS, Tiroler Tageszeitung, 33–34; Dippenaar, Social-Ethical Analysis.
23 Pelinka, Gespräch, 14; Zur österreichischen Auseinandersetzung mit der Apartheid in Österreich: Bouzek (Hg.): Free Nelson Mandela!
24 Girard, Satan, 198.
25 Taylor, Zeitalter, 1177; vgl. auch: Palaver, Im Zeichen des Opfers, 167–173.
26 Vgl. Jahanbegloo, Nonviolence, 39–45.
27 Zit. nach Rothermund, Gandhi, 113 [CWMG 84, 127].
28 https://www.zeit.de/politik/2023-06/global-peace-index-2023-aethiopien.
29 Franziskus, Predigt bei der militärischen Gedenkstätte Redipuglia.
30 Franziskus, Ansprache (2014).

31 Franziskus, Gewaltfreiheit, Nr. 2.
32 Franziskus, Fratelli tutti, Nr. 259.
33 Hünermann/Hilberath, Dokumente des Zweiten Vatikanischen Konzils, 724 [GS Nr. 78].
34 Vgl. Berger/Butigan/Coode/Dennis, Gewaltfreiheit.
35 https://thebulletin.org/doomsday-clock/.
36 Vgl. Ernesti, Friedensmacht, 146–148.
37 Zit. nach Mette, Weltkrieg, 92 [Pacem in terris Nr. 67].
38 https://www.sipri.org/sites/default/files/2025-06/yb25_summary_en.pdf
39 Franziskus, Fratelli tutti, Nr. 262.
40 Kazim, Gandhi.
41 Vgl. Chenoweth/Stephan, Warum ziviler Widerstand funktioniert.
42 Vgl. Clausewitz, Vom Kriege, 634, 644.
43 Weil, Cahiers IV, 331.
44 Weil, Verwurzelung, 150.
45 Vgl. Havel, Versuch.
46 Simmons, Havel, 261–262.
47 Vgl. Havel, 63; Havel, Anfang, 143.
48 Vgl. Havel, Fernverhör, 175, 203.
49 Havel, Anfang, 105.
50 Vgl. Johannes Paul II., Centesimus annus, Nr. 23; 25.
51 Johannes Paul II., Centesimus annus, Nr. 52.
52 Johannes Paul II., Visita pastorale; zit. nach: Roß, Papst, 170–171.
53 Vgl. Wink, Verwandlung der Mächte, 115–127; Berger/Butigan/Coode/Dennis; Schell, Politik des Friedens, 19.
54 Vgl. Patel, Projekt Europa.
55 Vgl. Senghaas, Friedensprojekt Europa.
56 Joas, Friedensprojekt Europa?, 66.
57 Clausewitz, 990–998.
58 Vgl. Kelsen, Law of the United Nations, 108.
59 Utz/Groner, Soziale Summe Pius XII.: Bd. 2, 2141–2142 [Nr. 4152].
60 Vgl. Messner, Naturrecht, 607.
61 Jaspers, Atombombe, 192.
62 Jaspers, 196.
63 Gandhi, Die große Seele, 107.
64 Vgl. Pattery, Gandhi als Glaubender, 198.
65 Gandhi, Grundlegende Schriften, 104.

66 Vgl. Trojanow, Mensch, 479–480.
67 Vgl. Gandhi, CWMG 41, 154.
68 Vgl. Jahanbegloo, Mahatma Gandhi, 11.
69 Vgl. Gandhi, CWMG 85, 370; Jahanbegloo, Mahatma Gandhi, 86.
70 Vgl. Gandhi, Grundlegende Schriften, 138.
71 Gandhi, Stimme der Wahrheit, 115.
72 Hacker, Aggression, 13.
73 Vgl. Girard, Im Angesicht der Apokalypse, 211.
74 Gandhi, Grundlegende Schriften, 139.
75 Gandhi, Stimme der Wahrheit, 176.
76 Gandhi, Stimme der Wahrheit, 186–187.
77 Vgl. Gandhi, Stimme der Wahrheit, 105.
78 Gandhi, Autobiographie, 14.
79 Gandhi, Stimme der Wahrheit, 199.
80 Vgl. Gandhi, CWMG 74, 254.
81 Gandhi, Autobiographie, 380–381.
82 Gandhi, CWMG 70, 205.
83 Vgl. Gandhi, CWMG 94, 132.
84 Vgl. Gandhi, Stimme der Wahrheit, 176.
85 Gregg, Macht, 46.
86 Marin/Blume, Ich selbst bin Anarchist, 24.
87 Zit. nach: Jahn, Streitfragen, 129.
88 Vgl. Galtung/Næss, Gandhis politische Ethik, 165.
89 Benjamin, Kritik der Gewalt, 30.
90 Gandhi, Die große Seele, 116.
91 Büchele, 25–26.
92 Vgl. Parekh, Colonialism, 143.
93 Gandhi, Stimme der Wahrheit, 114.
94 Vgl. Gandhi, Autobiographie, 28, 39, 45, 64–65, 83, 90–91, 108, 135, 149, 162, 171, 187, 232, 545. Die genauen Stellenangaben verdanke ich Sandler, Bergpredigt und Gnadenerfahrung, 80.
95 Gandhi, Stimme der Wahrheit, 312–313.
96 Vgl. Forster, Mandela.
97 Vgl. Sampson, Mandela, 395–396; Mandela, Bekenntnisse, 53.
98 Vgl. Sampson, 388.
99 Vgl. Sampson, 649.
100 Mandela, Weg zur Freiheit, 240.
101 Vgl. Goodwin, „The Struggle Made Me a Nonracialist“.

102 Mandela, Meine Waffe, 66–67.

103 https://www.wagingpeace.org/nelson-mandela-calls-for-the-elimination-of-nuclear-weapons/.

104 Vgl. Mandela/Langa, Dare not Linger: The Presidential Years, 278–279.

105 Mandela, Über Gandhi, 20.

106 Mandela, Weg zur Freiheit, 367.

107 Mandela, Weg zur Freiheit, 147.

108 Mandela, Weg zur Freiheit, 179; vgl. auch: Mandela, Bekenntnisse, 52–53; Mandela, Über Gandhi, 20; Nussbaum, Zorn und Vergebung, 298.

109 Vgl. Bezdrob, The Nelson Mandela Story, 65.

110 Sampson, 69; Mandela, Bekenntnisse, 53.

111 Vgl. Moolakkattu, Peace Profile, 103.

112 Fanon, 64.

113 Fanon, 69.

114 Mandela, Über Gandhi, 20.

115 Vgl. Bezdrob, The Nelson Mandela Story, 65.

116 Mandela, Weg zur Freiheit, 364.

117 Mandela, Weg zur Freiheit, 369.

118 Mandela, Weg zur Freiheit, 381.

119 Vgl. Beinart, Work of Moral Rebuilding.

120 Vgl. Mandela, Weg zur Freiheit, 372; Mandela, Bekenntnisse, 106.

121 Vgl. Hyslop, Mandela, 163, 169.

122 Vgl. Clausewitz, 179, 990.

123 Clausewitz, 194.

124 Girard, Im Angesicht der Apokalypse, 24–63; Palaver, Krieg und Politik.

125 Clausewitz, 201.

126 Mandela, Meine Waffe, 43.

127 Vgl. Mandela, Weg zur Freiheit, 659; Mandela, Bekenntnisse, 260–261; Coovadia, Revolution, 156, 192.

128 Vgl. Coovadia, 1.

129 Mandela, Über Gandhi, 20.

130 Vgl. Sampson, 282.

131 Mandela, Weg zur Freiheit, 619–620.

132 Vgl. Mandela, Weg zur Freiheit, 728–730.

133 Gandhi, Leidenszeit, 300.

134 Mandela, Meine Waffe, 59.

135 Vgl. Hardiman, Gandhi, 279; Jahanbegloo, Mahatma Gandhi, 89.
136 Vgl. Mandela, Weg zur Freiheit, 368.
137 Meer, 190.
138 Lodge, Mandela, 91.
139 Vgl. Simpson, Umkhonto we Sizwe.
140 Mandela, Meine Waffe, 57.
141 Vgl. Sampson, 553.
142 Mandela, Weg zur Freiheit, 813–814; vgl. auch: Malala, Plot to Save South Africa.
143 Mandela, Meine Waffe, 59.
144 Zit. nach Galtung/Næss, 161; Gandhi, CWMG 31, 292.
145 Sampson, 627.
146 Mandela, Weg zur Freiheit, 372.
147 Gandhi, Satyagraha in Südafrika, 129.
148 Gandhi, Freiheit, 171.
149 Gandhi, Stimme der Wahrheit, 174.
150 King, Schöpferischer Widerstand, 25–26; Übersetzung korrigiert; Original: King, Stride Toward Freedom, 86.
151 Mandela, Weg zur Freiheit, 697.
152 Wink, Angesichts des Feindes, 44.
153 Vgl. Wink, Angesichts des Feindes, 35–37; Wink, Verwandlung der Mächte, 94–95.
154 Wink, Angesichts des Feindes, 36.
155 Wink, Verwandlung der Mächte, 94, 111; Wink, Angesichts des Feindes, 44.
156 Franziskus, Gewaltfreiheit, Nr. 4.
157 Franziskus, Gewaltfreiheit, Nr. 1.
158 Gandhi, Stimme der Wahrheit, 178.
159 Gandhi, Stimme der Wahrheit, 116.
160 Gandhi, The Collected Works of Mahatma Gandhi. Vol. 48: September 1931 – January 1932, 447; vgl. auch: Gandhi, The Collected Works of Mahatma Gandhi. Vol. 71: December 1, 1939 – April 15, 1940, 407.
161 Mandela, Weg zur Freiheit, 496.
162 Die deutschen Bischöfe, Gerechter Friede, Nr. 50.
163 Vgl. Franziskus, Gewaltfreiheit, Nr. 3.
164 Vgl. Franziskus, Fratelli tutti, Nr. 236–245.
165 Franziskus, Fratelli tutti, Nr. 244.

166 Franziskus, Fratelli tutti, Nr. 241.
167 Vgl. Franziskus, Fratelli tutti, Nr. 256–262.
168 Franziskus, Fratelli tutti, Nr. 172.
169 Franziskus, Fratelli tutti, Nr. 257.
170 Kelsen, Reine Rechtslehre, 84.
171 Vgl. Gandhi, Stimme der Wahrheit, 303–314.
172 Die deutschen Bischöfe, Nr. 22.
173 Vgl. Schmitt, Nomos, 29; Schmitt, Glossarium, 47; vgl. auch: Palaver, Quellen, 51.
174 Bonhoeffer, Brief an Gandhi, 155.
175 Vgl. Gandhi, Ausgewählte Briefe, 178–179.
176 Bonhoeffer, Ethik, 123.
177 Vgl. Bonhoeffer, Ethik, 122–124.
178 Johannes Paul II., Centesimus annus, Nr. 52.
179 Vgl. Francis, Press Conference.
180 Franziskus, Fratelli tutti, Nr. 262; vgl. auch: 29; 188.
181 Gandhi, Stimme der Wahrheit, 174–175.
182 Jaspers/Arendt, Wahrheit, 11.
183 Jaspers/Arendt, 25.
184 Kirchschläger, Friede, 19.
185 Havel, Briefe an Olga, 302.
186 Johannes XXIII., Pacem in terris, Nr. 165.
187 Johannes Paul II., Pacem in Terris, Nr. 9.
188 Päpstlicher Rat für Gerechtigkeit und Frieden, Kompendium, Nr. 495.
189 Gandhi, Stimme der Wahrheit, 449–450.
190 https://falschzitate.blogspot.com/2019/08/sei-du-selbst-die-veranderung-die-du.html.
191 Vgl. Jahanbegloo, Mahatma Gandhi, 84; Jahanbegloo, Nonviolent Resistance, 11.
192 Gandhi, The Collected Works of Mahatma Gandhi. Vol. 71: December 1, 1939 – April 15, 1940, 325.
193 Vgl. Gandhi, CWMG 85, 369–370.
194 Gandhi, Stimme der Wahrheit, 163.
195 Gandhi, Autobiographie, 544.
196 Gandhi, Autobiographie, 92.
197 Zit. nach: Friedmann, Tolstoi, 89.
198 Vgl. Gandhi, CWMG 62, 175.
199 Zit. nach: Pattery, 64.

200 Vgl. Mandela, The Prison Letters, 237.
201 Vgl. Mandela, In His Own Words, 541–542.
202 Mandela, Meine Waffe, 39.
203 Mandela, Meine Waffe, 70.
204 Franziskus, Laudato si', Nr. 71.
205 Franziskus, Laudato si', Nr. 219.
206 Päpstlicher Rat für Gerechtigkeit und Frieden, Nr. 516.
207 Häring, 170.
208 Gandhi, Grundlegende Schriften, 222; vgl. auch Palaver, Ich habe keine Waffe, 134–137.
209 Gandhi, Stimme der Wahrheit, 312.
210 Gandhi, The Collected Works of Mahatma Gandhi. Vol. 71: December 1, 1939 - April 15, 1940, 11.
211 Gandhi, Vom Geist des Mahatma: Ein Gandhi-Brevier, 313–314 [CWMG 84, 127].
212 Gandhi, Vom Geist des Mahatma: Ein Gandhi-Brevier, 339 [CWMG 89, 285].
213 Sampson, 682.
214 Sampson, 20; vgl. auch: Mandela, Weg zur Freiheit, 27.
215 Vgl. Cruywagen, The Spiritual Mandela, 86, 88, 108–109.
216 Lapide, Wie liebt man seine Feinde?, 75.
217 Vgl. Häring, 135–139.
218 Gandhi, The Collected Works of Mahatma Gandhi. Vol. 71: December 1, 1939 - April 15, 1940, 11.
219 Mandela, Meine Waffe, 71.
220 Havel, Fernverhör, 220.
221 Havel, Fernverhör, 220–221.
222 Vgl. Gandhi, Hinduismus, 100.
223 Vgl. Emilsen, Gandhi and ‚Lead, Kindly Light', 231 [CWMG 45, 230].
224 Zit. nach Gandhi, Stimme der Wahrheit, 103.
225 Gandhi, Religion der Wahrheit, 103–104 [CWMG 57, 344].
226 https://www.franz-reinisch.org/stimmen/gebete/.
227 https://www.erzdioezese-wien.at/site/glaubenfeiern/spirituelles/beten/lieblingsgebete/article/35350.html
228 Häring, 124.
229 Schwager/Girard, Briefwechsel mit René Girard.
230 Meine Übersetzung aus dem Französischen.
231 Leo XIV., Ansprache.

232 Halbmayr/Mautner, Friedensethik der Zukunft. Vgl. Palaver, Friedensethik mit Zukunft.

233 King, Sermon.

234 King, Schöpferischer Widerstand, 65–66.

235 Die deutschen Bischöfe, „Friede diesem Haus“, Nr. 76.

236 Leo XIV., Der Friede sei mit euch allen.

237 Merton, Conjectures, 86.

238 Leo XIV., Der Friede sei mit euch allen.

239 Merton, Conjectures, 200.

240 Leo XIV., Der Friede sei mit euch allen.

241 Evangelische Kirche in Deutschland, Welt in Unordnung, Nr. 64.

242 Hathaway, Great Unraveling.

243 Franziskus, Ansprache (2022).

244 Leo XIV., Ansprache.

245 Leo XIV., Der Friede sei mit euch allen.

246 Leo XIV., Ansprache.

247 Evangelische Kirche in Deutschland, Welt in Unordnung, Nr. 115, 124.

248 https://www.greenpeace.de/frieden/kraeftevergleich-nato-russland.

249 Puglierin, Wer verteidigt Europa?, 62.

250 Di Cesare, Aufrüstung ist nicht die Lösung.

251 Puglierin, Wer verteidigt Europa?, 214–220.

252 Galtung/Næss, Gandhis politische Ethik; Sharp/Jenkins, Civilian-Based Defense.

253 Ebert, Soziale Verteidigung 1; Ebert, Soziale Verteidigung 2.

254 Goss-Mayr, Mensch vor dem Unrecht, 113–132.

255 Häring, 134–159.

256 Boserup/Mack, Krieg ohne Waffen?, 129.

257 Ebert, Soziale Verteidigung 2, 55.

258 Schweitzer, Soziale Verteidigung, 12.

259 Müller, Pazifismus, 17, 19.

260 Müller, Pazifismus, 85.

261 Müller, Nur mit Waffen verteidigen?

262 Müller, Nur mit Waffen verteidigen?

263 Müller, Ziviler Widerstand.

LITERATURVERZEICHNIS

Attenborough, Richard (Hg.): Mahatma Gandhi. Ausgewählte Texte, München: Goldmann 1983.

Beinart, Peter: The Work of Moral Rebuilding Must Begin Now, in: The New York Times (October 15, 2023), SR 4.

Benjamin, Walter: Zur Kritik der Gewalt und andere Aufsätze, Frankfurt am Main: Suhrkamp 1965 (= Edition Suhrkamp 103).

Bezdrob, Anné Mariè du Preez: The Nelson Mandela Story, Kestell, South Africa: Samoja Books 2006.

Berger, Rose Marie/Ken Butigan/Judy Coode/Marie Dennis (Hg.): Gewaltfreiheit und Gerechten Frieden in Kirche und Welt fördern: Biblische, theologische, ethische, pastorale und strategische Dimensionen der Gewaltfreiheit, Ostfildern: Matthias-Grünewald 2024.

Bonhoeffer, Dietrich: Ethik, München: Chr. Kaiser ^{2}1998 (= Dietrich Bonhoeffer Werke 6).

——: Brief an Mahatma Gandhi, in: Wolfgang Huber (Hg.), Dietrich Bonhoeffer: Auf dem Weg zur Freiheit (Beck Paperback 6439), München: C.H. Beck 2021, 153–156.

Boserup, Anders/Andrew Mack: Krieg ohne Waffen? Studie über Möglichkeiten und Erfolge sozialer Verteidigung, Reinbek bei Hamburg: Rowohlt 1974 (= rororo aktuell 1710).

Bouzek, Bernhard (Hg.): Free Nelson Mandela! Geschichte der Anti-Apartheid-Bewegung in Österreich. Festschrift für Walter Sauer, Wien: SADOCC 2024 (= Studien zum Südlichen Afrika 15).

Büchele, Herwig: Spiritualität und politischer Kampf aus dem Geist der Bergpredigt. Mahatma Gandhi und Martin Luther King, Innsbruck: innsbruck university press 2013.

Butler, Judith: Die Macht der Gewaltlosigkeit: Über das Ethische im Politischen, Berlin: Suhrkamp 2020.

Chenoweth, Erica/Maria J. Stephan: Warum ziviler Widerstand funktioniert: Die strategische Logik gewaltloser Konfliktbearbeitung, Baden-Baden: Nomos 2024 (= Religion – Konflikt – Frieden).

Clausewitz, Carl von: Vom Kriege, Bonn: Ferd. Dümmlers Verlag ^{19}1980.

Coovadia, Imraan: Revolution and Non-Violence in Tolstoy, Gandhi, and Mandela, New York: Oxford University Press 2020.

Cortright, David: Gandhi and Beyond: Nonviolence for an Age of Terrorism, Boulder, Colo.: Paradigm Publ. ^{5}2009.

Cruywagen, Dennis: The Spiritual Mandela: Faith and Religion in the Life of Nelson Mandela, Watertown, MA: Imagine 2018.

Di Cesare, Donatella: Aufrüstung ist nicht die Lösung, in: Die Zeit Nr. 5 (3. Februar2026), 39.

Die deutschen Bischöfe: Gerechter Friede, Bonn: Sekretariat der Deutschen Bischofskonferenz ²2000.

——: Krieg ohne Waffen?: Friedenswort der deutschen Bischöfe, Bonn: Sekretariat der Deutschen Bischofskonferenz 2024 (= Die deutschen Bischöfe 113).

Dippenaar, Vincent: A Social-Ethical Analysis of the Reports of the Tiroler Tageszeitung on South Africa, Innsbruck: Universität Innsbruck 1990 (= Theologische Fakultät).

Du Toit, Louise/Ephraim Meir/Ed Noort/Wolfgang Palaver (Hg.): Nonviolence and Religion, Basel: MDPI 2023.

Ebert, Theodor: Soziale Verteidigung. Band 1: Historische Erfahrungen und Grundzüge der Strategie, Waldkirch: Waldkircher Verlags-Gesellschaft 1981.

——: Soziale Verteidigung. Band 2: Formen und Bedingungen des zivilen Widerstandes, Waldkirch: Waldkircher Verlags-Gesellschaft 1981.

Emilsen, William W.: Gandhi and ‚Lead, Kindly Light' in: Carole M. Cusack/Peter Oldmeadow (Hg.): This Immense Panorama: Studies in Honour of Eric J. Sharpe, Sydney: School of Studies in Religion, University of Sydney 1999, 227–237.

Ernesti, Jörg: Friedensmacht: Die vatikanische Außenpolitik seit 1870, Freiburg: Verlag Herder 2022.

Evangelische Kirche in Deutschland: Welt in Unordnung – gerechter Friede im Blick: Evangelische Friedensethik angesichts neuer Herausforderungen, Leipzig: Evangelische Verlagsanstalt 2025.

Fanon, Frantz: Die Verdammten dieser Erde, übersetzt von Traugott König, Frankfurt am Main: Suhrkamp 2008.

FOCUS (Hg.): Tiroler Tageszeitung: Unabhängig – von der Wahrheit?, Innsbruck: FOCUS 1985.

Forster, Dion Angus: Mandela and the Methodists: Faith, Fallacy and Fact, in: Studia Historiae Ecclesiasticae 40/Supplement (2014) 87–115.

Francis: Press Conference on the Return Flight from Kazakhstan to Rome (2022), in: https://www.vatican.va/content/francesco/en/speeches/2022/september/documents/20220915-kazakhstan-voloritorno.html [2023/07/12].

Franziskus: Ansprache an die Teilnehmer des Internationalen Treffens der Volksbewegungen (2014), in: http://w2.vatican.va/content/francesco/de/speeches/2014/october/documents/papa-francesco_20141028_incontro-mondiale-movimenti-popolari.html [2019/06/10].

——: Predigt bei der militärischen Gedenkstätte Redipuglia zum hundertsten Jahrestag des Ausbruchs des Ersten Weltkriegs (2014), in: https://www.vatican.va/content/francesco/de/homilies/2014/documents/papa-francesco_20140913_omelia-sacrario-militare-redipuglia.html [2023/07/12].

——: Die Enzyklika „Laudato si'. Über die Sorge für das gemeinsame Haus", Freiburg: Herder 2015.

——: Gewaltfreiheit: Stil einer Politik für den Frieden. Botschaft zur Feier des Weltfriedenstages am 1. Januar 2017, in: Amtsblatt der Österreichischen Bischofskonferenz 71 (2017) 15–19.

——: Fratelli tutti. Über die Geschwisterlichkeit und die soziale Freundschaft, Bonn: Sekretariat der Deutschen Bischofskonferenz 2020 (= Verlautbarungen des Apostolischen Stuhls 227).

——: Ansprache bei der Begegnung mit den Vertretern der Regierung, der Zivilgesellschaft und dem Diplomatischen Korps (2022), in https://www.vatican.va/content/francesco/de/speeches/2022/september/documents/20220913-kazakhstan-autorita.html [2025/06/24]

Friedmann, Robert: Tolstoi, München: Georg Müller 1929 (= Religio).

Galtung, Johan/Arne Næss: Gandhis politische Ethik. Die Begründung der Satyagraha-Normen erstmals in deutscher Übersetzung, übersetzt von Christine von Bülow/Christian Bartolf/Xaver Remsing, Baden-Baden: Nomos 2019 (= Religion – Konflikt – Frieden Band 10).

Gandhi, Mohandas Karamchand: Mahatma Gandhis Leidenszeit, übersetzt von Emil Roniger, Zürich: Rotapfel-Verlag 1925.

——: Vom Geist des Mahatma: Ein Gandhi-Brevier, Baden-Baden: Holle 1957 (= Geist des Morgenlandes).

——: Freiheit ohne Gewalt, Köln: Hegner 1968 (= Hegner-Bücherei).

——: The Collected Works of Mahatma Gandhi, New Delhi: Publications Division 1958–1994 (CWMG).

——: Die Religion der Wahrheit. Aus Mahatma Gandhis schriftlichem Nachlaß ausgewählt von M. S. Deshpande und R. K. Prabhu, übersetzt von Franz Langmayr, Wörgl: Perlinger 1982.

——: Was ist Hinduismus?, übersetzt von Ursula Gräfe, Frankfurt am Main: Insel Verlag 2006.

——: Ausgewählte Briefe, übersetzt von Brigitte Luchesi, Göttingen: Wallstein Verlag 2011 (= Ausgewählte Werke in 5 Bänden 5).

——: Die Stimme der Wahrheit, übersetzt von Wolfgang Sternstein, Göttingen: Wallstein Verlag 2011 (= Ausgewählte Werke in 5 Bänden 4).

——: Eine Autobiographie oder Die Geschichte meiner Experimente mit der Wahrheit, übersetzt von Brigitte Luchesi, Göttingen: Wallstein Verlag 2011 (= Ausgewählte Werke in 5 Bänden 1).

——: Grundlegende Schriften, übersetzt von Brigitte Luchesi, Göttingen: Wallstein Verlag 2011 (= Ausgewählte Werke in 5 Bänden 3).

——: Satyagraha in Südafrika, übersetzt von Wolfgang Sternstein, Göttingen: Wallstein Verlag 2011 (= Ausgewählte Werke in 5 Bänden 2).

——: Die große Seele. Die Weisheit des Mahatma Gandhi, Berlin: Insel Verlag 2019.

Girard, René: Ich sah den Satan vom Himmel fallen wie einen Blitz. Eine kritische Apologie des Christentums, übersetzt von Elisabeth Mainberger-Ruh, München: Carl Hanser Verlag 2002.

——: Im Angesicht der Apokalypse. Clausewitz zu Ende denken: Gespräche mit Benoît Chantre, übersetzt von Stefanie Günthner, Berlin: Matthes & Seitz 2014.

Goodwin, Jeff: „The Struggle Made Me a Nonracialist“: Why There was so Little Terrorism in the Antiapartheid Struggle, in: Mobilization: An International Quarterly 12/2 (2007) 193–203.

Goss-Mayr, Hildegard: Der Mensch vor dem Unrecht. Spiritualität und Praxis gewaltloser Befreiung, Wien: Europaverlag [3]1978.

Goss-Mayr, Hildegard/Jo Hanssens: Jean Goss – Mystiker und Zeuge der Gewaltfreiheit, übersetzt von Hildegard Goss-Mayr/Lieselotte Wohlgenannt, Ostfildern: Patmos Verlag 2012.

Gregg, Richard B.: Die Macht der Gewaltlosigkeit, übersetzt von Paul March, Gladenbach: Hinder und Deelmann [4]1982.

Hacker, Friedrich: Aggression. Die Brutalisierung der modernen Welt, Reinbek bei Hamburg: Rowohlt Repertoire 2017.

Halbmayr, Alois/Josef Mautner (Hg.): Friedensethik der Zukunft: Zugänge, Perspektiven und aktuelle Herausforderungen, Bielefeld: transcript 2024 (= Edition Politik 159).

Hardiman, David: Gandhi in His Time and Ours: The Global Legacy of His Ideas, Pietermaritzburg: University of Natal Press 2003.

Häring, Bernhard: Die Heilkraft der Gewaltfreiheit, Düsseldorf: Patmos Verlag 1986.

Hathaway, Oona A.: The Great Unraveling Has Begun, in: The New York Times (January 7, 2026), Section A, Page 18.

Havel, Václav: Versuch, in der Wahrheit zu leben, übersetzt von Gabriel Laub, Reinbek bei Hamburg: Rowohlt 1989.

——: Am Anfang war das Wort. Texte von 1969 bis 1990, übersetzt von Joachim Bruss, Reinbek bei Hamburg: Rowohlt 1990.

——: Fernverhör. Ein Gespräch mit Karel Hvížďala, übersetzt von Joachim Bruss, Reinbek bei Hamburg: Rowohlt [2]1991 (= rororo 12859).

——: Briefe an Olga. Betrachtungen aus dem Gefängnis, übersetzt von Joachim Bruss, Reinbek bei Hamburg: Rowohlt 1993 (= rororo aktuell Essay 12732).

Hünermann, Peter/Bernd Jochen Hilberath (Hg.): Herders Theologischer Kommentar zum Zweiten Vatikanischen Konzil. Band 1: Die Dokumente des Zweiten Vatikanischen Konzils: Konstitutionen, Dekrete, Erklärungen: lateinisch-deutsche Studienausgabe, Freiburg Herder 2009.

Hyslop, Jonathan: Mandela on War, in: Rita Barnard (Hg.): The Cambridge Companion to Nelson Mandela, New York, NY: Cambridge University Press 2014, 162–181.

Jahanbegloo, Ramin: Mahatma Gandhi: A Nonviolent Perspective on Peace, London: Routledge India 2021 (= The peacemakers).

——: Nonviolent Resistance as a Philosophy of Life: Gandhi's Enduring Relevance, London: Bloomsbury Academic 2021.

——: Nonviolence: An Idea Whose Time has Come, London: Haus Publishing 2023.

Jahn, Egbert: Politische Streitfragen. Band 5: Krieg und Kompromiss zwischen Nationen und Staaten, Wiesbaden: Springer VS 2019.

Jaspers, Karl: Die Atombombe und die Zukunft des Menschen. Politisches Bewußtsein in unserer Zeit, München: R. Piper & Co Verlag [7]1983.

Jaspers, Karl/Hannah Arendt: Wahrheit, Freiheit und Friede: Reden zur Verleihung des Friedenspreises des Deutschen Buchhandels 1958, München: Piper 1958.

Joas, Hans: Friedensprojekt Europa?, München: Kösel-Verlag 2020.

Johannes Paul II.: Visita pastorale alla parrocchia romana di Santa Dorotea. Discorso di 17 febbraio 1991 (1991), in: https://www.vatican.va/content/john-paul-ii/it/speeches/1991/february/documents/hf_jp-ii_spe_19910217_parrocchia-santa-dorotea.html [2023/07/13].

——: Centesimus annus (1991), in: Bundesverband der Katholischen Arbeitnehmer-Bewegung Deutschlands (Hg.): Texte zur katholischen Soziallehre. Die sozialen Rundschreiben der Päpste und andere kirchliche Dokumente, Bornheim: Ketteler-Verlag 1992, 689–764.

——: Pacem in Terris: Eine bleibende Aufgabe. Botschaft zur Feier des Weltfriedenstages am 1. Januar 2003 (2003), in: http://www.vatican.va/holy_father/john_paul_ii/messages/peace/documents/hf_jp-ii_mes_20021217_xxxvi-world-day-for-peace_ge.html [2023/07/13].

Johannes XXIII.: Pacem in terris (1963), in: Bundesverband der Katholischen Arbeitnehmer-Bewegung Deutschlands (Hg.): Texte zur katholischen Soziallehre. Die sozialen Rundschreiben der Päpste und andere kirchliche Dokumente, Bornheim: Ketteler-Verlag 1992, 241–290.

Juergensmeyer, Mark: Gandhi vs. Terrorism, in: Daedalus 136/1 (2007) 30–39.

Kazim, Hasnain: Man kann Gandhi auch falsch verstehen (2022), in: https://www.zeit.de/gesellschaft/zeitgeschehen/2022-05/ukraine-russland-krieg-waffenlieferungen-gegner-gandhi-kritik/komplettansicht [2023/10/31].

Kelsen, Hans: The Law of the United Nations: A Critical Analysis of its Fundamental Problems: With Supplement, Union, N. J.: Lawbook Exchange 2000.

——: Reine Rechtslehre: Mit einem Anhang: Das Problem der Gerechtigkeit (Studienausgabe der 2. Auflage 1960), Tübingen: Mohr Siebeck 2017.

King, Martin Luther: Schöpferischer Widerstand, übersetzt von Heinrich W. Grosse, Gütersloh: Gütersloher Verlagshaus Gerd Mohn 1985 (= Gütersloher Taschenbücher Siebenstern 576).

——: „When Peace Becomes Obnoxious,“ Sermon Delivered on 18 March 1956 at Dexter Avenue Baptist Church, in: Clayborne Carson u.a. (Hg.), The Papers of Martin Luther King, Jr. Volume III: Birth of a New Age, December 1955–December 1956, Berkeley: University of California Press 1997, 207–208.

——: Stride Toward Freedom: The Montgomery Story, Boston: Beacon Press 2010 (= The King legacy series).

Kirchschläger, Rudolf: Der Friede beginnt im eigenen Haus: Gedanken über Österreich, Wien: Molden 1980.

Lapide, Pinchas: Wie liebt man seine Feinde? Mit einer Neuübersetzung der Bergpredigt (Mt 5–7) unter Berücksichtigung der rabbinischen Lehrmethoden und der jüdischen Muttersprache Jesu, Mainz: Matthias-Grünewald-Verlag ^{4}1986.

Leo XIV.: Der Friede sei mit euch allen: Hin zu einem „unbewaffneten und entwaffnenden“ Frieden. Botschaft zum 59. Weltfriedenstag (2026), in https://www.vatican.va/content/leo-xiv/de/messages/peace/documents/20251208-messaggio-pace.html [2025/12/22].

——: Ansprache beim Neujahrsempfang für die Mitglieder des am Heiligen Stuhl akkreditierten Diplomatischen Korps (2026), in https://www.vatican.va/content/leo-xiv/de/speeches/2026/january/documents/20260109-corpo-diplomatico.html [2026/01/10].

Lodge, Tom: Mandela: A Critical Life, Oxford: Oxford University Press 2006.

Malala, Justice: The Plot to Save South Africa: The Week Mandela Averted Civil War and Forged a New Nation, New York: Simon & Schuster 2023.

Mandela, Nelson: The Prisoner: A Comparison of Conditions in Gaol Between the Early- and Mid-Nineties, in: Fatima Meer (Hg.): The South African Gandhi: An Abstract of the Speeches and Writings of M. K. Gandhi, 1893–1914, Durban: Madiba Publishers 1995, 563–570.

——: In His Own Words, New York, N. Y.: Little, Brown and Co. 2003.

——: Bekenntnisse, übersetzt von Anne Emmert, München: Piper 2012 (= Piper 7319).

——: Der lange Weg zur Freiheit. Autobiographie, übersetzt von Günter Panske, Frankfurt am Main: Fischer Taschenbuch [15]2012 (= Fischer 13804).

——: Meine Waffe ist das Wort, übersetzt von Elisabeth Liebl, München: Kösel [4]2014.

——: Über Gandhi, Gewalt und Gewaltfreiheit (31.12.1999), in: Graswurzelrevolution 43/385 (2014) 20–21.

——: The Prison Letters of Nelson Mandela, New York: Liveright Publishing Corporation, A Division of W. W. Norton & Company 2018.

Mandela, Nelson/Mandla Langa: Dare not Linger: The Presidential Years, New York: Farrar, Straus and Giroux 2017.

Marin, Lou/Horst Blume (Hg.): Gandhi: „Ich selbst bin Anarchist, aber von einer anderen Art“, Berlin: Verlag Graswurzelrevolution 2019.

Meer, Fatima: Nelson Mandela: Stimme der Hoffnung: Die autorisierte Biographie, München: Heyne 1989.

Merton, Thomas: Conjectures of a Guilty Bystander, New York: Image Books 2009.

Messner, Johannes: Das Naturrecht. Handbuch der Gesellschaftsethik, Staatsethik und Wirtschaftsethik, Innsbruck: Tyrolia-Verlag [3]1958.

Mette, Norbert: „Wir stecken mitten in einem dritten Weltkrieg“ (Papst Franziskus), in: Stefanie A. Wahl/Stefan Silber/Thomas Nauerth (Hg.): Papst Franziskus. Mensch des Frieden. Zum friedenstheologischen Profil des aktuellen Pontifikats, Freiburg: Verlag Herder 2022, 89–109.

Moolakkattu, John S.: Peace Profile: Albert John Luthuli, in: Peace Review 32/1 (2020) 103–111.

Müller, Olaf L.: Pazifismus: Eine Verteidigung, Ditzingen: Reclam ^{2}2022 (= Reclams Universal-Bibliothek 14354).

——: Können wir uns nur mit Waffen verteidigen?, in: Die Zeit Nr. 43 (9. Oktober 2025), 51.

——: Ziviler Widerstand statt Aufrüstung, in: Der Spiegel Nr. 26 (21.06.2025), 50–51.

Noort, Ed: „Gandhi's Use of Scriptures: A Hermeneutic of Nonviolence Against Letters That Kill“, in: Religions 13 (2) (2022) 153.

Nussbaum, Martha: Zorn und Vergebung. Plädoyer für eine Kultur der Gelassenheit, übersetzt von Axel Walter, Darmstadt: WBG (Wissenschaftliche Buchgesellschaft) 2017.

Palaver, Wolfgang: Politik und Religion bei Thomas Hobbes. Eine Kritik aus der Sicht der Theorie René Girards, Innsbruck: Tyrolia 1991 (= Innsbrucker theologische Studien 33).

——: Die mythischen Quellen des Politischen. Carl Schmitts Freund-Feind-Theorie, Stuttgart: Verlag W. Kohlhammer 1998 (= Beiträge zur Friedensethik 27).

——: Im Zeichen des Opfers. Die apokalyptische Verschärfung der Weltlage als Folge des Monotheismus, in: Wolfgang Palaver/Roman A. Siebenrock/Dietmar Regensburger (Hg.): Westliche Moderne, Christentum und Islam. Gewalt als Anfrage an monotheistische Religionen (Edition Weltordnung – Religion – Gewalt 2), Innsbruck: innsbruck university press 2008, 151–176.

——: Abrahamitische Revolution, politische Gewalt und positive Mimesis. Der Islam aus der Sicht der mimetischen Theorie, in: Wilhelm Guggenberger/Wolfgang Palaver (Hg.): Im Wettstreit um das Gute. Annäherungen an den Islam aus der Sicht der mimetischen Theorie (Beiträge zur mimetischen Theorie 25), Wien: LIT 2009, 29–73.

——: Sozialethik der Terrorismusbekämpfung, in: Karl Gabriel/Christian Spieß/Katja Winkler (Hg.): Religion – Gewalt – Terrorismus. Religionssoziologische und ethische Analysen (Katholizismus zwischen Religionsfreiheit und Gewalt 3), Paderborn: Schöningh 2010, 225–247.

——: Krieg und Politik: Clausewitz und Schmitt im Lichte der mimetischen Theorie Girards, in: Wilhelm Guggenberger/Wolfgang Palaver (Hg.): Eskalation zum Äußersten? Girards Clausewitz interdisziplinär kommentiert, Baden-Baden: Nomos 2015, 99–114.

——: „Ich habe keine Waffe außer der Liebe.“: Was Christen von Mahatma Gandhis Friedensethik lernen können, in: Monika Datterl/Wilhelm Guggenberger/Claudia Paganini (Hg.): Friede – Gnade – Gerechtigkeit. Im Spannungsfeld zwischen Institutionen und persönlichem Engagement (theologische trends 30), Innsbruck: innsbruck university press 2020, 132–140.

——: Gandhi's Militant Nonviolence in the Light of Girard's Mimetic Anthropology, in: Religions 12/11 (2021) 988.

——: Eine Friedensethik mit Zukunft: Josef P. Mautner und Alois Halbmayr bündeln friedensethische Zugänge jenseits simpler Engführungen (2025), in https://ethik-und-gesellschaft.de/ojs/index.php/eug/article/view/3135.

Päpstlicher Rat für Gerechtigkeit und Frieden (Hg.): Kompendium der Soziallehre der Kirche, Freiburg: Herder 2006.

Parekh, Bhikhu C.: Colonialism, Tradition, and Reform: An Analysis of Gandhi's Political Discourse, New Delhi: Sage 1999.

Patel, Kiran Klaus: Projekt Europa: Eine kritische Geschichte, München: C. H. Beck 2018.

Pattery, George: Gandhi als Glaubender: Eine indisch-christliche Sichtweise, übersetzt von Ingrid von Heiseler, Norderstedt: BoD – Books on Demand 2021.

Pelinka, Anton: „… ein bestimmtes politisches Grundklima“: Gespräch, in: erziehung heute 23/1 (1979) 14–15.

Puglierin, Jana: Wer verteidigt Europa? Die neuen Kriegsgefahren und was wir tun müssen, um uns zu schützen, Hamburg: Rowohlt 2026.

Renoldner, Severin: Widerstand aus Liebe. Mahatma Gandhi, die Gewaltfreiheit und die neuen sozialen Bewegungen, Oberursel: Publik-Forum-Verlag 1990 (= Publik-Forum: Dokumentation).

Roß, Jan: Der Papst. Johannes Paul II. – Drama und Geheimnis, Reinbek bei Hamburg: Rowohlt Taschenbuch Verlag 2003.

Rothermund, Dietmar: Gandhi. Der gewaltlose Revolutionär, München: C. H. Beck ^{3}2019 (= C. H. Beck Wissen 2322).

Sampson, Anthony: Nelson Mandela. Die Biographie, übersetzt von Irmela Arnsperger/Boike Rehbein, Stuttgart: Deutsche Verlags-Anstalt 1999.

Sandler, Willibald: Bergpredigt und Gnadenerfahrung als Fundamente für eine christliche Spiritualität des gewaltlosen Widerstandes, in: Wilhelm Guggenberger/Dietmar Regensburger/Nikolaus Wandinger (Hg.): Politik des Evangeliums / Politics of the Gospel: Festschrift für Wolfgang Palaver, Innsbruck: innsbruck university press 2023, 77–92.

Schell, Jonathan: Die Politik des Friedens: Macht, Gewaltlosigkeit und die Interessen der Völker, übersetzt von Hainer Kober, München: Deutscher Taschenbuch Verlag 2006 (= dtv 34344).

Schmitt, Carl: Der Nomos der Erde im Völkerrecht des Jus Publicum Europaeum, Berlin: Duncker & Humblot [3]1988.

——: Glossarium. Aufzeichnungen aus den Jahren 1947 bis 1958, Berlin: Duncker & Humblot 2015.

Schwager, Raymund/René Girard: Briefwechsel mit René Girard, Freiburg: Verlag Herder 2014 (= Raymund Schwager – Gesammelte Schriften 6).

Schweitzer, Christine: Soziale Verteidigung: Ohne Waffen, aber nicht wehrlos, in: Spinnrad /2 (2025) 11–13.

Sharp, Gene/Bruce Jenkins: Civilian-Based Defense: A Post-Military Weapons System, Princeton, N.J.: Princeton University Press 1990.

Senghaas, Dieter: Friedensprojekt Europa, Frankfurt am Main: Suhrkamp 1992.

Simmons, Michael: Václav Havel – Staatsmann mit Idealen: Eine Biographie, Zürich: Benziger 1992.

Simpson, Thula: Umkhonto we Sizwe: The ANC's Armed Struggle, Cape Town, South Africa: Penguin Books 2016.

Steinweg, Reiner: Einleitung des Herausgebers, in: Galtung, Johan/Næss, Arne: Gandhis politische Ethik. Die Begründung der Satyagraha-Normen erstmals in deutscher Übersetzung, hg. von Reiner Steinweg, Baden-Baden: Nomos 2019, 13–28.

Sternstein, Wolfgang: Gandhi und Frantz Fanon, in: Jean Goss/Hildegard Goss-Mayr (Hg.): Revolution ohne Gewalt? Christen aus Ost und West im Gespräch, Wien: Sensen-Verlag 1968, 174–191.

Taylor, Charles: Ein säkulares Zeitalter, übersetzt von Joachim Schulte, Frankfurt am Main: Suhrkamp 2009.

Trojanow, Ilija: Ein Mensch ist größer als ein Heiliger. Das inspirierende, widersprüchliche Leben des Mohandas K. Gandhi, in: Ilija Trojanow (Hg.): Mohandas K. Gandhi: Mein Leben, München: C. H. Beck 2019, 473–496.

Utz, Arthur-Fridolin/Joseph-Fulko Groner (Hg.): Aufbau und Entfaltung des gesellschaftlichen Lebens. Soziale Summe Pius XII.: 2. Band, Freiburg/Schweiz: Paulusverlag ^{2}1954.

Weil, Simone: Cahiers. Aufzeichnungen. Vierter Band, übersetzt von Elisabeth Edl/Wolfgang Matz, München: Carl Hanser Verlag 1998.

——: Die Verwurzelung. Vorspiel zu einer Erklärung der Pflichten dem Menschen gegenüber, übersetzt von Marianne Schneider, Zürich: Diaphanes 2011.

Wessler, Heinz Werner: Mahatma Gandhi im Zeitalter der Terrorismusbekämpfung. 100 Jahre „Hind Swaraj", in: Stimmen der Zeit 225/12 (2009) 795–806.

Wink, Walter: Angesichts des Feindes. Der Dritte Weg Jesu in Südafrika und anderswo, übersetzt von Andreas Ebert, München: Claudius 1988.

——: Verwandlung der Mächte: Eine Theologie der Gewaltfreiheit, übersetzt von Thomas Nauerth, Regensburg: Pustet ^{2}2018.

PERSONENREGISTER

DANK

Dieses Buch ist nicht das alleinige Werk des Autors, sondern wäre ohne die Mitwirkung anderer so nicht zur Veröffentlichung gelangt. An erster Stelle gilt mein Dank Gottfried Kompatscher, dem Verlagsleiter des Tyrolia-Verlags, der mit seiner willkommenen Anfrage dieses Buch überhaupt erst ins Leben rief. Obwohl der vorgesehene Zeitplan knapp kalkuliert war, gelang seine Umsetzung, und ich bin wirklich froh, die Anfrage angenommen zu haben. Dankbar bin auch Helene Daxecker-Okon für die sorgfältige Lektorierung des Buches. Alexander van Dellen und Michael Strebitzer, zwei gute und langjährige Freunde, waren bereit, als Erste die Kapitel nach ihrer jeweiligen Fertigstellung zu lesen. Sie stellten mir gute Fragen, schlugen hilfreiche Korrekturen vor und bestärkten mich im Fortlauf des Projekts.

Das Institut für Systematische Theologie der Katholisch-Theologischen Fakultät der Universität Innsbruck sowie das Stellenbosch Institute for Advanced Study in Südafrika boten mir in den letzten Jahren das nötige Umfeld, um mich intensiver mit Gandhi und Mandela auseinander setzen zu können. Dankbar bin ich auch der Innsbrucker Forschungsgruppe „Dramatische Theologie" für die Gelegenheit, das Buchprojekt vorstellen und mit meinen Kollegen und Kolleginnen diskutieren zu können. Mein Dank gilt auch Pax Christi Österreich, weil ich in dieser Sektion der internationalen katholischen Friedensbewegung die Freuden und Mühen der Friedensarbeit konkret erfahren kann.

Vor allem aber muss ich mich bei meiner Frau Andrea bedanken, die in den letzten Monaten viele Aufgaben des Alltags für mich übernommen hatte, damit ich intensiv am Buch arbeiten konnte.

Jenbach, am 31. Oktober 2023

Mitglied der Verlagsgruppe „engagement“

2., erweiterte Auflage 2026

Umschlaggestaltung: Team Stadthaus, Innsbruck
Layout und digitale Gestaltung: Tyrolia-Verlag
Druck und Bindung: FINIDR, Tschechien
ISBN 978-3-7022-4179-7
buchverlag@tyrolia.at
www.tyrolia-verlag.at